我们一起解决问题

金字塔表达力

用麦肯锡方法提升写作力和演讲力

（实战图解版）

郭 力 / 著

人民邮电出版社
北 京

图书在版编目（CIP）数据

金字塔表达力 ：用麦肯锡方法提升写作力和演讲力 ：实战图解版 / 郭力著. -- 北京 ：人民邮电出版社，2022.10
ISBN 978-7-115-59676-5

Ⅰ. ①金… Ⅱ. ①郭… Ⅲ. ①管理学－通俗读物
Ⅳ. ①C93-49

中国版本图书馆CIP数据核字(2022)第118449号

内容提要

金字塔原理是麦肯锡公司的芭芭拉·明托所提出的一项结构化的思考、写作及表达技术，它能帮助我们快速提升逻辑思维能力和归纳总结能力，让我们在工作汇报、公文写作、职场沟通及演讲等场景中厘清逻辑思路，简洁清晰地进行表达和展示。

本书采用“图解＋案例”的形式，先用7张图片直观、清晰地介绍了金字塔原理的核心概念，然后从信息分析、结构化思考、解决问题、商业演示、高效写作、有效表达6个方面，结合案例演练，详细介绍了如何运用金字塔原理提升思考力与表达力，进而提升职场竞争力的具体方法。

本书适合所有希望提高思考力、写作力、演讲力和问题解决力的读者阅读。

◆ 著 郭 力
责任编辑 陈斯雯
责任印制 彭志环
◆人民邮电出版社出版发行 北京市丰台区成寿寺路11号
邮编 100164 电子邮件 315@ptpress.com.cn
网址 https://www.ptpress.com.cn
北京天宇星印刷厂印刷
◆开本：880×1230 1/32
印张：7.25 2022年10月第1版
字数：150千字 2025年3月北京第6次印刷

定 价：59.80元
读者服务热线：（010）81055656 印装质量热线：（010）81055316
反盗版热线：（010）81055315

前言

PREFACE

写作、演讲、商业演示、解决问题等是我们在日常生活和工作中经常遇到的事情。高效完成这些事情，不仅可以帮助我们处理好人际关系，还可以帮助我们提升工作效率，从而提升自己在职场中的核心竞争力。

在实际工作中，不少人发现精准表达并不是一件容易的事情，他们经常会遇到以下问题：

在会议上发言时经常被领导打断，领导表示听不懂你在说什么；

交给领导的方案被驳回，领导表示方案逻辑不清，找不到重点；

与同事沟通，对方总是很难理解你要表达的意思，导致协作效率低，影响团队的工作进度；

在介绍产品或传达解决问题的方案时，很难说服别人；

……

以上是不少职场人士在写作、演讲、商业演示和解决问题时经常遇到的问题。这些问题不仅会对工作产生一定的影响，还会让领导、同事和合作方怀疑我们的工作能力。如何解决这些问题呢？不少人开始寻找各种方法和策略，但是效果甚微。这主要是因为他们只是掌握了一些表层的方法和策略，而没有掌握底层逻辑——结构化思维。

培养结构化思维的有效工具是金字塔原理。也就是说，我们掌握了金字塔原理就等于拥有了结构化思维，从而能够实现精准表达、高效解决问题和完美演示。

金字塔原理是芭芭拉·明托（Barbara Minto）在麦肯锡国际管理咨询公司工作时总结出来的一个概念，是一种逻辑清晰、重点突出、主次分明的逻辑思路和表达方式。

本书运用图解和案例的方式，详细、具体地介绍了如何运用金字塔原理帮助我们解决写作、演讲、商业演示和解决问题等方面的问题，进而提升我们的职场竞争力。

导读部分用 7 张图片直观、清晰地介绍了金字塔原理的概念、核心思想、原则等，有助于读者初步认识金字塔原理。

第 1 章详细介绍了信息区分、信息梳理、信息分析与检查等内容，旨在帮助读者了解并掌握如何运用金字塔原理梳理和分析信息。

第 2 章介绍了结构化思维的基本概念，以及演绎推理和归纳推理两大思考逻辑，旨在帮助读者掌握结构化思维的相关知识。

第 3 章介绍了应用金字塔原理解决问题的步骤——界定问题、结构性分析问题、提出解决方案，并通过案例演练帮助读者学以致用。

第 4 章介绍了如何应用金字塔原理提升演示效果，并且列举了 PPT 和短视频制作的相关案例，以帮助读者更好地应用本章所学的知识。

第 5 章介绍了如何应用金字塔原理进行构思与写作，具体内容包括基于目标确定写作主题、搭建纵向的文章结构、搭建横向的文章结构、序言的构思与写作、文章中如何呈现金字塔。这些内容可以使我们更准确地理解、把握和应用写作技巧，实现高效写作。

第 6 章介绍了如何应用金字塔原理实现清晰表达，并详细讲解了有效表达的 4 个核心要素。掌握了这 4 个要素，我们就可以做到“想清楚，说明白”。

本书旨在帮助在思考、写作、演讲、商业演示和解决问题等方面存在问题，想要解决问题并提升个人能力的读者。因此，如果你在生活或工作中存在这几个方面的问题，或者想要进一步提升自己的工作能力，那么请打开这本书，你一定可以在本书中找到自己想要的答案，实现自我提升。

目录 CONTENTS

第 3 章 解决问题：如何应用金字塔原理界定、分析和解决问题 /71

导　读

7 张图读懂金字塔原理

1. 为什么要学习金字塔原理

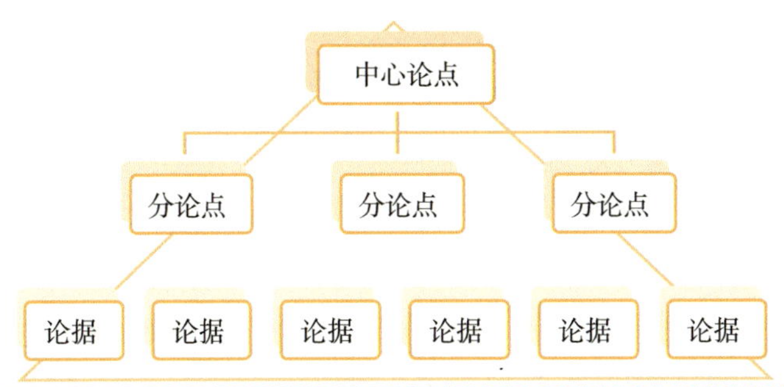

2. 金字塔原理的基本结构

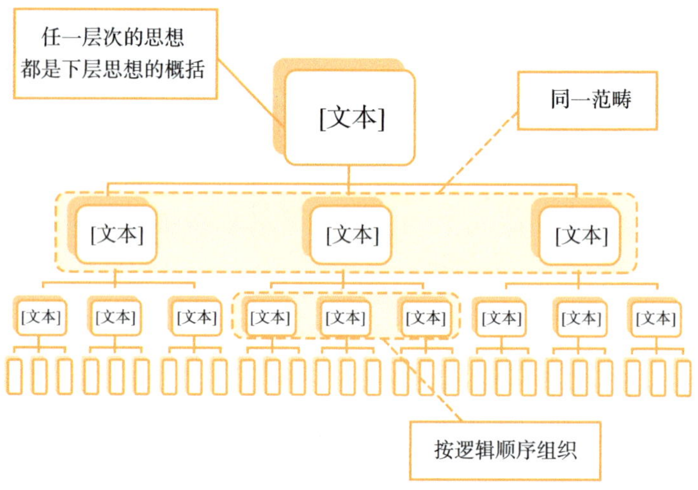

3. 横向金字塔结构

思想之间的联系可以是横向的，即多个思想因共同组成同一个逻辑推理，而被并列组织在一起。

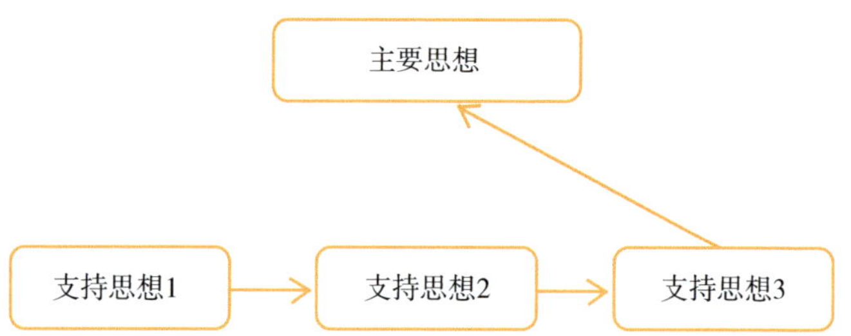

4. 纵向金字塔结构

思想之间的联系可以是纵向的，即任何一个层次的思想都是对其下面一个层次思想的总结。

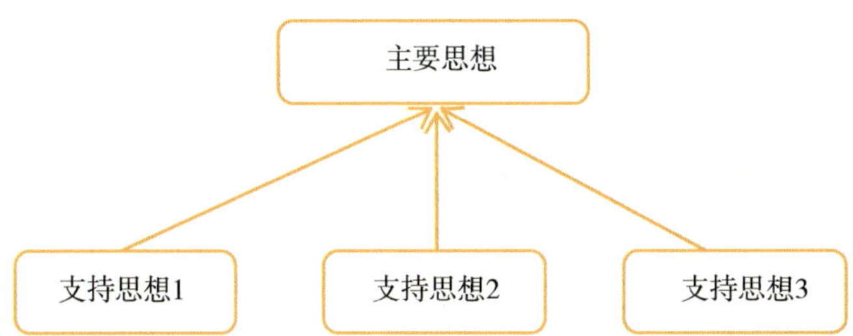

5. TOPS 原则

6. MECE 原则

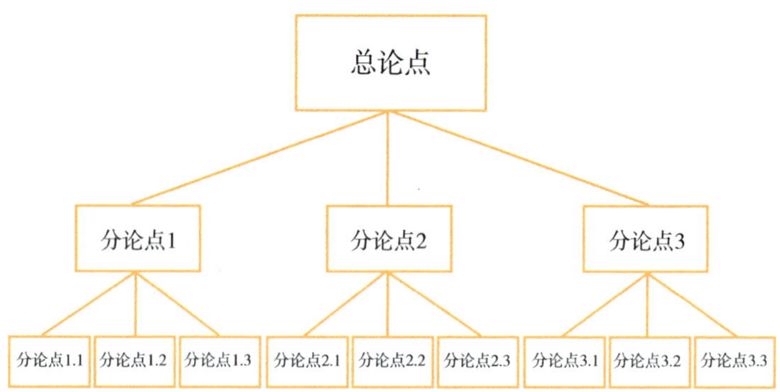

分组后的各部分内容遵循MECE原则：

- 各部分之间相互独立（mutually exclusive），相互排斥，没有重叠；
- 所有部分完全穷尽（collectively exhaustive），没有遗漏。

7. SCQA 基本结构

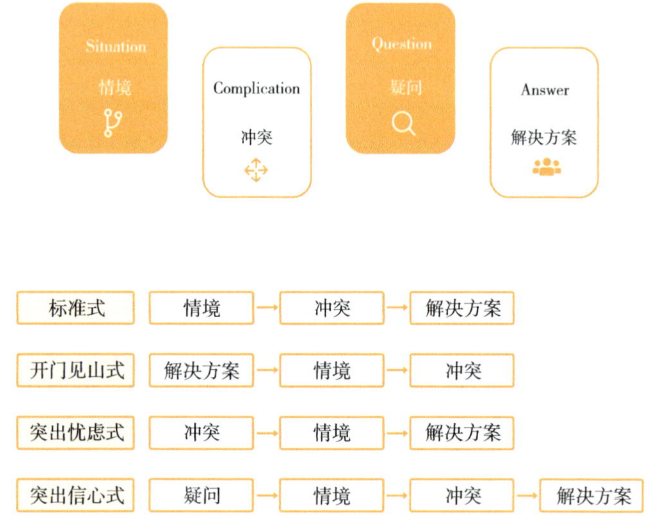

第 1 章

信息分析：如何应用金字塔原理梳理和分析信息

无论是写作还是演讲，我们首先要做的是根据主题收集相关信息，然后对收集到的信息进行梳理和分析，找出自己需要的信息，即素材。这一步是写作或演讲的关键步骤，决定了我们能否呈现内容丰富、逻辑连贯、表达清晰的文章或演讲。为了给后续的写作或演讲打下夯实的基础，我们可以应用金字塔原理梳理和分析信息。

1.1　信息区分

进行任何形式的写作之前都需要收集大量信息，但是这些信息通常是杂乱无章的，我们要想将这样的信息整理成一篇完整、流畅的文章，就必须认识这些信息并对其进行区分。

1.1.1　事实和观点

所谓信息是指消息、音讯，泛指人类社会传播的一切内容。在写作或演讲中，信息即素材。从大体上说，信息主要分为事实和观点两类，所以区分信息就是区分事实与观点。换言之，我们需要清楚什么是事实，什么是观点。

何谓事实

事实主要有以下 5 个特征，如图 1-1 所示。

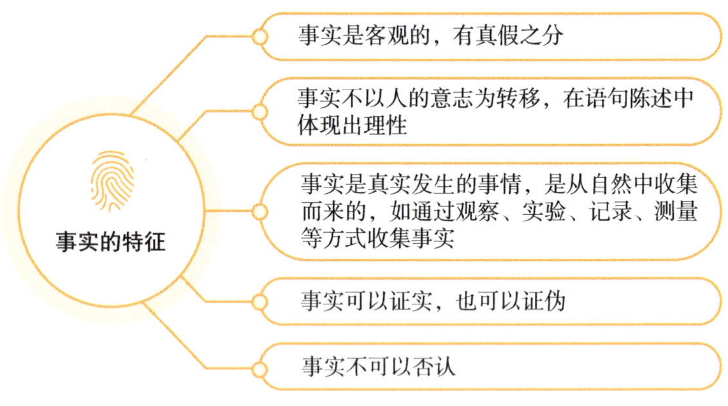

图 1-1　事实的 5 个特征

何谓观点

观点主要有以下 5 个特征，如图 1-2 所示。

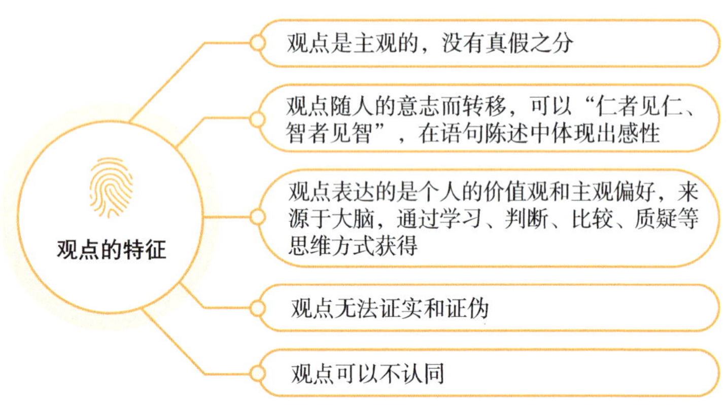

图 1-2　观点的 5 个特征

了解了事实和观点的特征后，我们一起来看看下面几组信息。

篮球是圆的。

篮球比羽毛球更受欢迎。

牛奶是冰淇淋的原材料之一。

冰淇淋是最好吃的零食。

对照事实和观点的特征，我们可以准确地区分以上 4 组信息。

“篮球是圆的”“牛奶是制作冰淇淋的原材料之一”为事实，是真实存在且可以被证实的。

“篮球比羽毛球更受欢迎”“冰淇淋是最好吃的零食”为观点，是个人主观意识，无法证明。

只有深入了解了事实与观点的概念，掌握了它们的特征，我们才能很容易地从信息中辨别出什么是事实，什么是观点。通常来说，我们在为写作或演讲收集素材时，主要收集的是事实，即客观存在的事情。只有客观存在的事实才能深刻地论证我们在写作或演讲中要表达的观点。

1.1.2　信息区分的误区

在日常工作和生活中，我们实际收集到的信息可能不像“篮球是圆的”“篮球比羽毛球更受欢迎”这样很容易区分事实与观点，这就会导致一部分人在进行信息区分时，很容易陷入误区，将事实与观点混淆。为此，我们不仅要掌握事实与观点的定义和特征，还要深入认识事实与观点的本质。

在写作或演讲中，我们需要收集的信息是事实。

> 事实以呈现客观存在的事情为目的，只有事实才能为思考提供原材料，帮助我们更好地思考问题、分析问题。

事实之外的其他信息为观点，是写作或演讲需要避免的信息。

> 观点通常以自身的传播为目的，基于这个目的，人们的观点可能带有个人情绪，甚至是谣言。这种信息很容易误导读者或听众，严重的甚至会触犯法律。

总之，在写作和演讲时，我们需要的信息是能够为内容提供原料的事实，而不是追求自身传播的观点。为此，我们在对信息进行分析时，一定要挑选出事实，避开观点。这一点应当作为信息分析的主要原则。

那么，我们究竟如何区分事实与观点，避免陷入信息区分的误区呢？

区分事实与观点主要是按照性质区分，而不是按照结果区分。

一条信息如果全面阐述了事实，能帮助你更加全面地了解事实，那么无论它呈现的结果是好的还是坏的，都是一条真实的信息。

例如，“某员工每个月的业绩都不达标”，这条信息对管理者来说并不是好的，但这是一条真实的信息，可以通过业绩指标查证。

相反，如果一条信息观点片面、用词偏激，那么哪怕这条信息呈现的结果是好的，也不是我们需要的。

例如，“我很喜欢某某，所以我觉得这件事某某去做才合适”。这是一条很积极、正面的信息，但是这条信息的逻辑非常单薄，观点片面，无法帮助我们展开思考、分析问题。因此，这条信息不是写作或演讲中需要的信息。

综上，我们在对信息进行区分时，一定要明确信息的性质，寻找能够为我们的思考提供原材料，能帮助我们更好地思考问题、分析问题的事实，避开逻辑单薄、用词偏激的观点。

无论是写作还是演讲，我们都需要向读者或听众传达经过审核的真实信息，即事实。通俗地说，信息一定要逻辑连贯，经得起推敲，这样才能确保内容的可靠性。否则，写作或演讲的内容就会失去信誉与公信力，无法吸引读者或听众，甚至会砸了自己的“招牌”。

1.2 信息梳理

信息梳理最简单、有效的方式就是运用金字塔原理。

运用金字塔原理对信息进行梳理分为以下 4 个步骤，如图 1-3 所示。

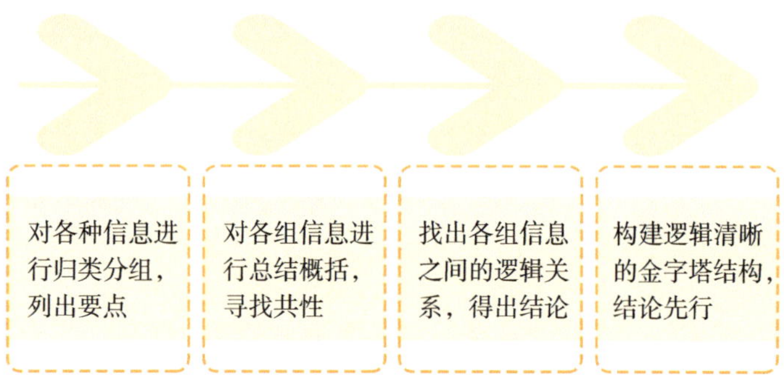

图 1-3　运用金字塔原理进行信息梳理的 4 个步骤

1.2.1　对各种信息进行归类分组，列出要点

人的大脑有一种本能，会自动对接收的各种信息进行归类分组。金字塔结构就是从信息的归类分组开始的，这也体现了人类思维的基本规律。

正常情况下，人的大脑会将相似的或所处位置相近的事物归为一类，我们来看下面的一个例子。

香蕉	毛衣	葡萄
桃子	牛仔裤	卫衣

当人们看到上面的词组时，大脑会自动将香蕉、桃子和葡萄分为一组，将毛衣、牛仔裤和卫衣分为一组。这主要是因为事物之间的相似性，前者都是水果，后者都是服装。

人的大脑之所以会自动对信息进行归类分组，主要是因为人的大脑能够记住的信息是有限的，通过归类分组可以有效缩减需要记住的信息。为了说明这一点，我们来看一个工作中的实例。

> 办公用品短缺，管理者安排行政部采购员去采购一些办公用品。
>
> “麻烦你去采购一些办公用品，需要一些文件夹、一些风琴包、一台计算器、一台订书机、一些圆珠笔、一些白板笔、一些回形针。”

采购员正准备出门采购的时候，管理者又说："对了，还需要买一些档案盒和一些荧光笔。"

如果采购员不用便笺纸或手机备忘录将所需采购的办公用品记录下来，相信不用等他走进商店，一出门就已经记不住管理者安排他采购哪些办公用品了。大多数人可能只记住了其中3～4件东西，甚至可能只记得住第一件——买一些文件夹。

导致这个问题产生的主要原因是人的大脑一次只能记忆不超过7个思想、概念或项目。

知名心理学家乔治·A. 米勒（George A.Miller）在其论文《奇妙的数字7±2》中提出"奇妙的数字7"，米勒认为，人的大脑在短时间内无法同时处理7个以上的记忆项目。

通常，大脑在短时间内能记住的信息只有3个，最容易记住的只有1个。这就意味着当大脑识别出需要处理的信息超过7个时，就需要对这些信息进行分组归类，以便于理解和记忆。如果信息较为复杂，那么当信息超过4个或5个时，大脑就已经需要进行分组归类了。

在写作或演讲之前，我们会收集大量的信息，大多数情况下，这些信息都会超过3个，甚至超过7个。为了便于读者或听众更好地理解和记忆我们表达的内容，我们需要在信息梳理环节对收集的信息进行归类分组，或者用某种逻辑组织它们，使它们更有逻辑、更有条理。

1.2.2　对各组信息进行总结概括，寻找共性

如果只是按照相似性对信息进行归类分组，而没有对各组信息进行总结概括，寻找共性，那么各组信息依然是单独存在的，大脑同样很难记住这些信息。我们依然以采购办公用品为例进行说明。

接收到管理者需要购买的办公用品信息后，大脑可能会按照商店物品划分区域对所需购买的物品进行归类分组。

文件夹	计算器	圆珠笔
风琴包	订书机	白板笔
档案盒	回形针	荧光笔

归类分组的结果为：文件夹、风琴包、档案盒为一组；计算器、订书机、回形针为一组；圆珠笔、白板笔、荧光笔为一组。但是，即便进行了分组，看上去依然是 9 个独立的信息，不便于记忆。

归类分组的本质不是简单地分组，其意义是将具有“共性”的事物归为一类。实际上，大脑在归类分组的时候就已经找到了事物之间的“共性”。例如，之所以将文件夹、风琴包、档案盒

分为一组，是因为它们都属于文件管理用品，将计算器、订书机、回形针分为一组，是因为它们都属于桌面办公文具，将圆珠笔、白板笔、荧光笔分为一组，是因为它们都是书写工具。这样分组后，大脑只需要记住文件管理用品、桌面办公文具和书写工具 3 组信息即可。

在实际收集信息并对信息进行归类分组时，我们可能很难直观地看出信息的“共性”，因此，我们还需要对分组后的信息进行总结概括，寻找共性，用一个词来概括整组信息。

例如，小李刚刚成为一名课程顾问，他了解到自己的工作内容包括收集与课程相关的资料、招募助教、设计课程内容、主持开班和结课仪式、更新课程内容、设计学习活动、安排培训日程、对新助教进行培训。

根据金字塔原理，小李将内容相似的工作分为一组，如图 1-4 所示。

分组后，小李要对每一组信息进行概括，寻找共性。第一组信息与课程内容有关，可以概括为“设计和更新课程”；第二组信息与助教有关，可以概括为“助教招募与管理”；第三组信息与学习活动有关，可以概括为“设计与实施学习活动”。这样将 8 组信息概括为 3 组信息，更容易记忆。

图 1-4　对工作内容进行归类分组

在对信息进行归类分组时要注意，我们是因为信息间存在某种相似性而将它们归为一类的。这种相似性就是我们要寻找的“共性”。

1.2.3　找出各组信息之间的逻辑关系，得出结论

我们对信息进行归类分组、寻找共性的目的是方便记忆，但是如果每组信息之间没有建立逻辑关系，每组信息各要点之间没有逻辑关系，那么即便将一组 8 个信息分为分别由 3 个、2 个、3 个信息组成的 3 组信息，合起来依然是 8 个单独的信息。要解决这个问题，我们就要将 8 个信息变成便于记忆的 3 组信息，就要找出各组之间及各要点之间的逻辑关系，得出结论。

我们以课程顾问的工作内容为例，说明各组信息之间的逻辑关系。

在“对各组信息进行总结概括，寻找共性”中，我们已经对信息进行了分组，并找到了各组之间的共性，如表 1-1 所示。

表 1-1　课程顾问的工作内容归类分组及其共性

设计和更新课程	招募和管理助教	设计与实施学习活动
更新课程内容	对新助教进行培训	主持开班和结课仪式
收集与课程相关的资料	招募助教	设计学习活动
设计课程内容	/	安排培训日程

对课程顾问的工作内容进行归类分组依然属于表层思维，要进行深层次思考，便于大脑记忆，我们还必须对信息进行推理，提高大脑对信息理解的抽象层次。简单地说，就是要继续探寻各组信息之间的逻辑关系。

上述例子中，我们可以对照课程顾问的工作流程寻找各组信息之间的逻辑关系。

作为课程顾问，首先要设计和更新课程，其次要根据课程内容设计与实施学习活动，最后要根据教学实际情况招募和管理助教。因此，各组信息之间的逻辑关系如图 1-5 所示。

图 1-5　各组信息之间的逻辑关系

找到各组信息之间的逻辑关系后，我们大脑的抽象层次就提高了，我们可以按照梳理出的逻辑关系轻松记忆 3 组信息。但是，要想记住更具体的信息，我们还需要继续寻找每组信息下的各要点之间的逻辑关系。我们以“设计和更新课程”为例，找出各要点之间的逻辑关系。

“设计和更新课程”的内容包括更新课程内容、收集与课程相关的资料和设计课程内容。我们可以对照实际的工作流程梳理这 3 个信息之间的关系。设计和更新课程内容首先需要收集与课程相关的资料，其次要根据资料设计课程内容，最后要根据实际情况更新课程内容。接下来，我们可以用同样的方法对“设计与实施学习活动”和“招募和管理助教”2 组信息中各要点之间的逻辑关系进行梳理。

确定好每项工作中各要点之间的逻辑关系后，我们就可以对课程顾问的工作内容做进一步的梳理，如图 1-6 所示。

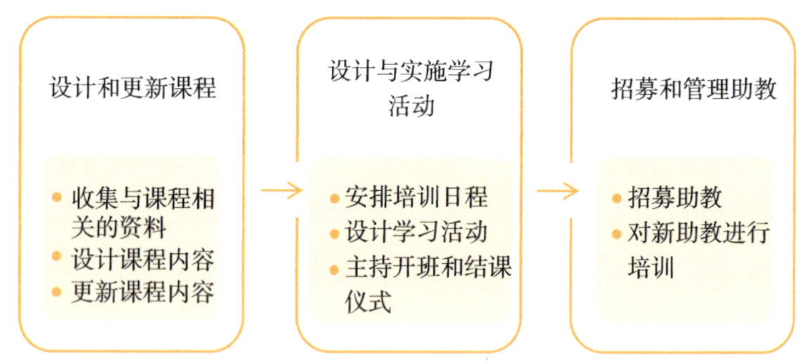

图 1-6　课程顾问的工作内容

找出各组之间及各要点之间的逻辑关系后，我们就无须记住 8 个信息，只需要记住 8 个概念分别归属的 3 个组。

我们从金字塔结构的角度研究一下实际的表达呈现问题。在实际的表达中，我们要做的是将梳理的信息传达出去，让受众理解我们所表达的思想。但是，如果我们只是一组一组地传达信息，将很难让受众明白我们要表达什么。

相关研究表明，最能够让对方理解的表达方式是先提出总的核心思想，然后再列出具体信息，即要自上而下地表达思想。因此，找出各小组及各要点之间的逻辑关系后，我们还要得出结论。

1.2.4　构建逻辑清晰的金字塔，结论先行

“对各种信息进行归类分组，列出要点”“对各组信息进行总

结概括，找出共性”“找出各组信息之间的逻辑关系，得出结论”，这 3 个步骤其实都是为构建逻辑清晰的金字塔结构服务的。金字塔结构要求写作或演讲之前必须厘清表达的思想顺序。

清晰的思想顺序就是结论先行，然后再列出具体的思想，即自上而下地表达。

通常来说，读者或听众只能一句一句地接收和理解我们要表达的思想。他们的大脑会自动将我们表达的思想按照一定的逻辑关系联系起来，以便了解每一组、每一句信息所表达的思想。

但是，由于人们受教育程度、认知程度的不同会导致理解差异，所以他们很难按照我们的思维方式和逻辑方式理解我们所表达的思想。也就是说，他们很可能与我们的逻辑完全相反，做出相反的解读。即便他们与我们的逻辑方式一致，我们的表达也可能在无形中增加了他们的阅读难度，因为他们要一边阅读一边寻找逻辑关系。因此，为了提升阅读效率和体验感，我们必须提前将逻辑关系明确地告诉读者或听众。

事实表明，有效的表达遵循自上而下的顺序，其他顺序都可能造成理解误差。举个例子，假设王林想邀请宋元去餐厅吃饭，王林给宋元发信息说：

> “我周末出去逛街的时候看到一家餐厅门口很多人排队，估计他们家的菜味道不错。等位时间大概要40分钟。”

在接收到这段信息时，宋元应该会主动思考一个问题：“为什么要发这段信息给我呢？”这时，宋元会假设各种原因，如“可能只是单纯分享一下自己的周末生活”，或者“也许他想去那家餐厅尝试一下”，又或者“他不喜欢去排队人数多的餐厅吃饭”。在做出各种原因假设后，宋元会等待王林接下来的表达。王林可能会接着说：

> “我在某社交平台上也看到很多人推荐这家餐厅呢。”

听完王林的这段话后，宋元可能依然不太理解王林想表达什么。宋元可能认为“也许他并不看好这种人气很高的餐厅”，或者认为“也许他在寻找自己喜欢的餐厅”。

王林接着说：

> “我之前点外卖的时候，在外卖平台的排行榜上看到这家餐厅在‘本地必吃榜’的第一名。”

这个时候，宋元可能认为王林想表达的意思是“这家餐厅人气很高”，于是他回应道：“是的，我身边的朋友也给我推荐过这家餐厅。”

宋元的理解没有错，但这并不是王林真正想表达的意思。那么，王林真正想表达的是什么呢？我们可以通过图 1-7 分析一下。

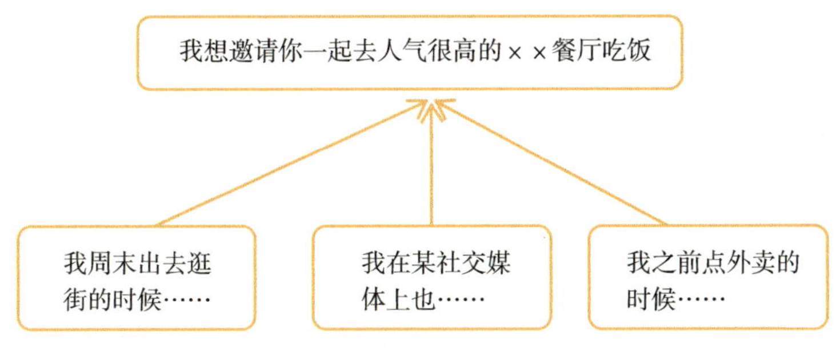

图 1-7　王林真正想表达的意思

通过图 1-7 我们可以看出，王林表达的 3 句话的结论是“我想邀请你一起去人气很高的 ×× 餐厅吃饭”。如果王林一开始就说明自己的结论，就不会造成沟通过程中宋元的猜想和误会。

可见，是否提前告诉读者或听众结论对理解误差的影响有多大。

在实际写作或演讲中，如果读者或听众需要绞尽脑汁去寻找各思想之间的联系，他们就很难真正理解我们想表达的意思，甚至他们很可能会放弃阅读或听讲。所以，为了确保读者或听众能够准确理解我们所表达的思想，可以按照我们的逻辑结构组织信息，我们必须做到“结论先行”，然后再按照一定的结构顺序表达具体的思想。为此，在进行信息梳理时，我们应当遵循金字塔原理，按照“结构先行，自上而下呈现思想”的原则搭建逻辑清晰的金字塔结构。

1.3 信息分析与检查

为了确保分组后的信息没有重叠或遗漏，我们还需要对每一组信息进行分析与检查。在对信息进行分析与检查时，我们除了要遵循 MECE 原则，还要确保金字塔结构中的信息符合以下 3 个规则，如图 1-8 所示。

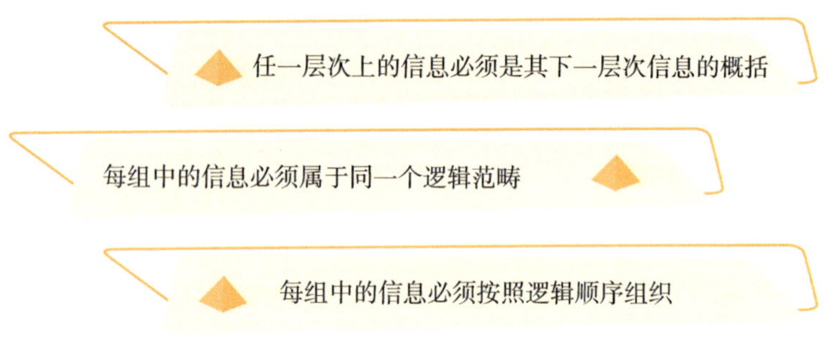

图 1-8　金字塔结构中的信息必须符合的 3 个规则

1.3.1　任一层次上的信息必须是其下一层次信息的概括

我们对信息进行归类分组、概括，并以自上而下的方式整理出来后，信息的结构会如图 1-9 所示，每个方框代表你想要传递的信息。

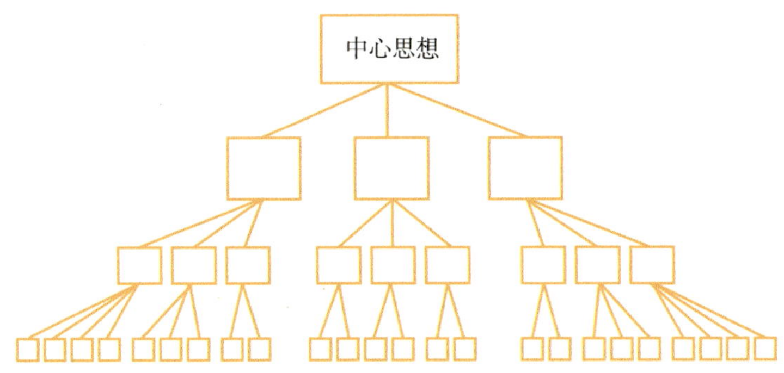

图 1-9　信息应组成单一结论统领下的金字塔结构

人的思考是从最低层次开始的，会将句子按照某种逻辑组织成段落，将段落按照某种逻辑组织成章节，最后将章节按照某种逻辑组织成一篇完整的文章。能够代表整篇文章的是立于金字塔塔尖的中心思想，也是我们前面提到的结论。因此，在写作或演讲的过程中，我们应当遵循自下而上思考的原则。

假设你现在要将 9 个句子组成一个段落。为什么要将这 9 个句子组成一个段落呢？原因是你认为这 9 个句子具有某种逻辑关系，能够总结出共性，用一个概括性的句子表达。这个概括性的句子就是段落的主题。

得出段落后，你就可以将原先的 9 个句子看成一个完整的思想。你可以用这种方式对其他句子进行概括，于是得出 4 个段落。你还可以继续用这种方法将 4 个段落组成一个章节，于是得出 3 个章节。再对 3 个章节进行概括，总结出文章的中心思想。这样，一个完整的金字塔结构就构建成功了。

从上面的内容中可以看出，自下而上的思考过程其实就是不断对下一层次的思想进行概括和总结，直到形成文章的中心思想。段落的主题是对段落中每一个句子的概括，章节的主题是对每个章节中各个段落的概括，文章的中心思想是对各个章节的概括。从这个角度来看，金字塔结构中的任一层次上的信息必须是其下一层次信息的概括。

1.3.2 每组中的信息必须属于同一个逻辑范畴

在上面的内容中我们提到，可以将 9 个句子组织成一个段落，将 4 个段落组织成一个章节，将 3 个章节组织成一篇文章。但是，如果要想将句子组织成段落，将段落组织成章节，将章节组织成文章，那么就必须确保句子之间、段落之间和章节之间有某种逻辑关系。

例如，你可以将钢笔、卷笔刀、铅笔、本子放在一个词组里，它们的共性是文具，但是不能将钢笔、卷笔刀、毛巾、纸巾放在一个词组里，因为它们之间很难用一个概括性的词语表达。

在梳理的信息中，每组中的信息必须属于同一个逻辑范畴。

（1）在同一组信息中，如果某组信息中的第一个信息是做某件事的一个步骤，那么该组中的其他信息必须是同一过程的其他步骤。

（2）如果某组信息中的第一个信息是导致某件事发生的一个原因，那么该组中的其他信息必须是同一件事的其他原因。

（3）如果某组信息中的第一个信息是某个事物的组成部分，那么该组中的其他信息必须是同一事物的其他组成部分。

对信息进行分析与检查最直接、简单的方法是看看能否用一个单词或一句话概括该组信息表达的思想。通常，我们可以用“建议”“产生问题的原因”“问题”或“改进措施”等词语概括思想。

总之，我们可以用各种思想概括每个小组的信息，但是每组思想必须有相同的逻辑，即属于同一逻辑范畴。

1.3.3　每组中的信息必须按照逻辑顺序组织

金字塔原理要求每组信息必须按照逻辑顺序组织，通俗地说，就是必须清楚地解释为什么将第一组信息放在第一组，而不是放在第二组或第三组。这个规则可以有效确保被列入同一组的信息确实属于这一组，还可以防止相关信息被遗漏。

例如，你将一些信息归为一组，并用“问题”描述这组信息的共性。但是你要做的还不止于此，你还必须按照某种逻辑顺序对这些信息进行概括，要列出第一个问题、第二个问题、第三个问题……否则，你将很难确定这些信息是否属于“问题”的范畴，也不能保证是这些“问题”造成了最后的结果。

在对信息进行检查时，我们必须找出每组信息之间的逻辑顺序。信息之间的逻辑顺序主要分为演绎逻辑和归纳推理逻辑两大类。关于这两大类逻辑顺序，本书将在第 5 章第 3 节中详细介绍。

1.4 案例演练

信息的表达方式主要有两种——行动性信息和描述性信息。下面我们将运用前面学习的知识进行演练，对行动性信息和描述性信息进行分组。

1.4.1 如何对行动性信息进行分组

行动性信息告诉读者或听众要做什么，主要介绍采取的行动、步骤、流程、动作、行为等。如何对行动性信息进行分组呢？

首先，将相似的行动性信息归为一组。我们来看下面几组行动性信息。

制订工作计划	与同事互帮互助
提前准备工作所需的资料	合理分配工作时间
加强与同事的沟通	提前了解、熟悉工作内容

我们可以按照相似性对上面 6 个信息进行归类分组，如图 1-10 所示。

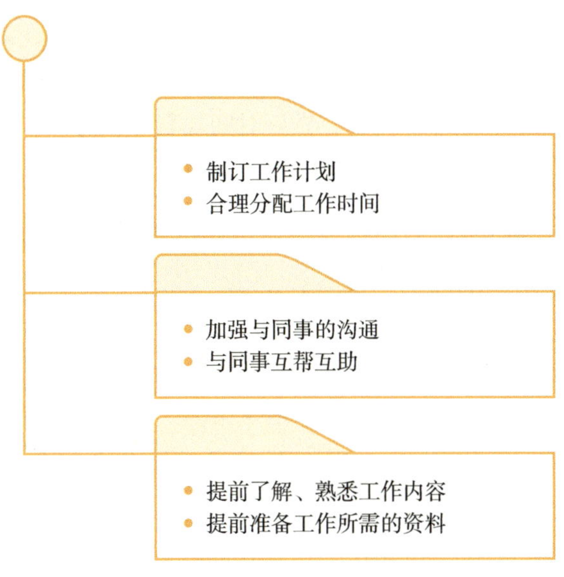

图 1-10　对行动性信息进行归类分组

其次，我们要对这些信息进行概括、总结，即寻找共性，如图 1-11 所示。

图 1-11　寻找行动性信息的共性

最后，我们要得出结论，即要对提炼出的信息进行进一步的概括、总结。对行动性信息进行概括总结时，我们应说明采取行动取得的结果、效果。例如，“做好时间规划”“做好工作准备”“加强团队协作”产生的结果是提高工作效率。

由此，我们就了解并掌握了行动性信息的分组方式，并且可以据此构建金字塔结构，如图 1-12 所示。

对行动性信息进行分组的关键在于对行动性信息进行概括时，一定要指出采取行动后产生的结果。

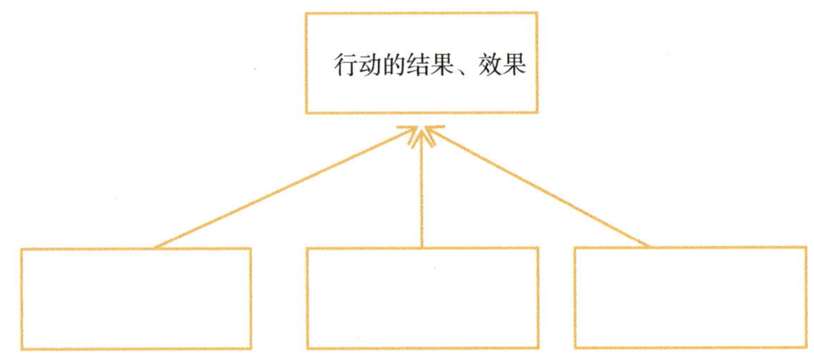

图 1-12　能产生结果的行动性信息

1.4.2　如何对描述性信息进行分组

描述性信息告诉读者或听众关于某个事物的信息、情况，主要介绍事物的背景、信息。如何对描述性信息进行分组呢？

首先，将相似的描述性信息归为一组。我们来看下面几个描述性信息。

每个月做一次美甲	早睡早起
每周去 3 次健身房	不喝碳酸饮料
每天的衣服都会认真搭配	出门一定会化妆

我们可以按照相似性对上面 6 个信息进行归类分组，如图 1-13 所示。

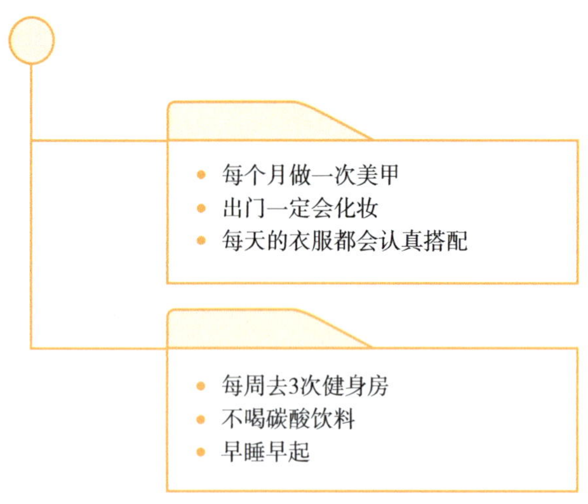

图 1-13　对描述性信息进行归类分组

其次，我们要对这些信息进行概括、总结，寻找共性，如图 1-14 所示。

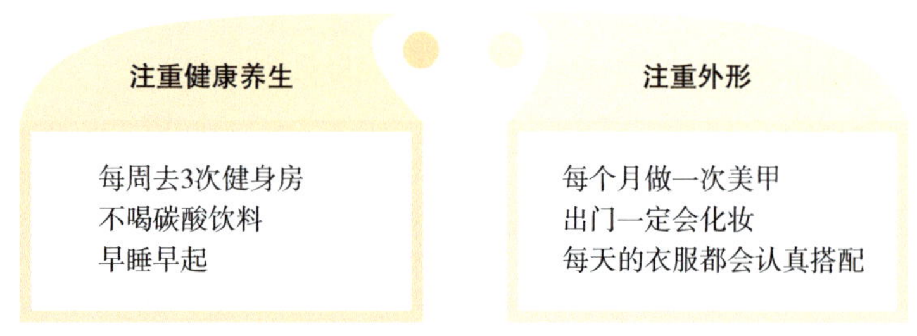

图 1-14　寻找描述性信息的共性

最后，我们要得出结论。对描述性信息进行概括总结时，我们应说明这些信息具有共同点的意义。例如，“注重健康养生”“注重外形”的共同意义是注重生活质量。由此，我们就了解并掌握了描述性信息的分组方式，并且可以据此构建金字塔结构，如图 1-15 所示。

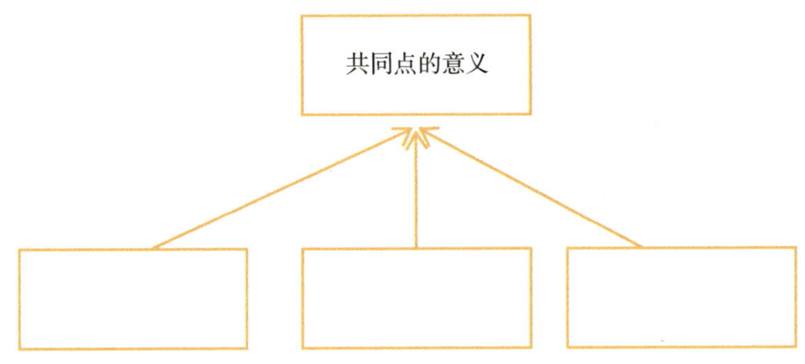

图 1-15　具有共同点的各种描述性信息

对描述性信息进行分组的关键在于对描述性信息进行概括时，一定要说明这些信息具有共同点的意义。

最后要强调的是，无论是对行动性信息进行概括，还是对描述性信息进行概括，都必须有能够直接说明思想的句子，即要通过概括的句子让读者或听众一下就明白你想表达什么。总地来说，行动性消息要说明采取行动后产生的结果，描述性信息要说明这些信息具有共同点的意义。

第 2 章

结构化思考：如何应用金字塔原理进行系统思考

金字塔原理实际上采用的是系统思考方式，也可称之为结构化思考方式。这种思考方式可以让我们表达的思想系统化、结构化，更易于受众理解、记忆。

金字塔的系统思考方式的核心思想是明确金字塔同组信息之间有且仅有的两种逻辑关系——演绎推理和归纳推理。也就是说，如果我们能够清楚分辨金字塔结构中同组信息之间的逻辑关系是演绎关系还是推理关系，并采用合适的逻辑关系组织思想，那么就等于掌握了金字塔原理的系统思考方式。

2.1 结构化思维

快速地写出有价值、有深度、有逻辑的文章，或者在演讲中更加有逻辑地表达自己的观点，是很多人都希望拥有的能力。这就要求我们必须具备结构化思维。这是因为结构化思维符合人脑的思维习惯，能够使传递的信息更清楚，更容易被对方接收和理解。

2.1.1　什么是结构化思维

结构化思维也称为框架思维。

在理解结构化思维的概念之前，我们先来看两个例子。

例 1：分组前的词组和分组后的词组，如图 2-1、图 2-2 所示。

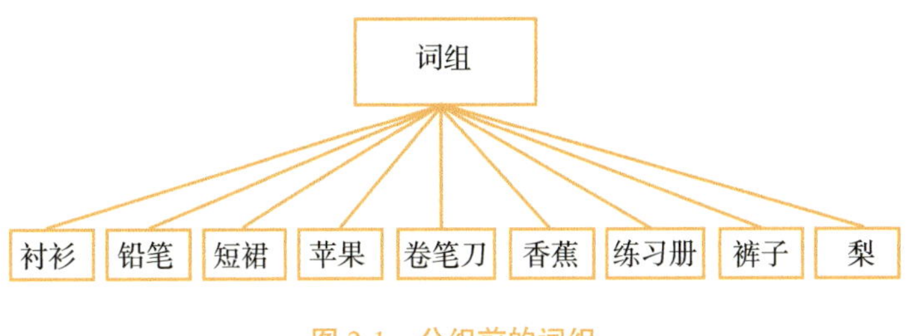

图 2-1　分组前的词组

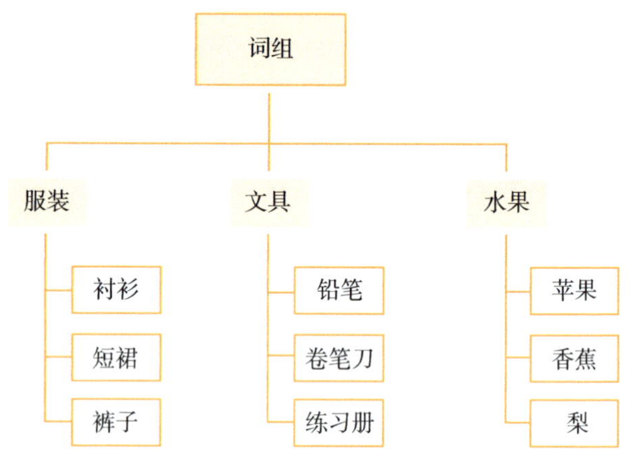

图 2-2　分组后的词组

例 2：整理前的工作总结和整理后的工作总结，如图 2-3、图 2-4 所示。

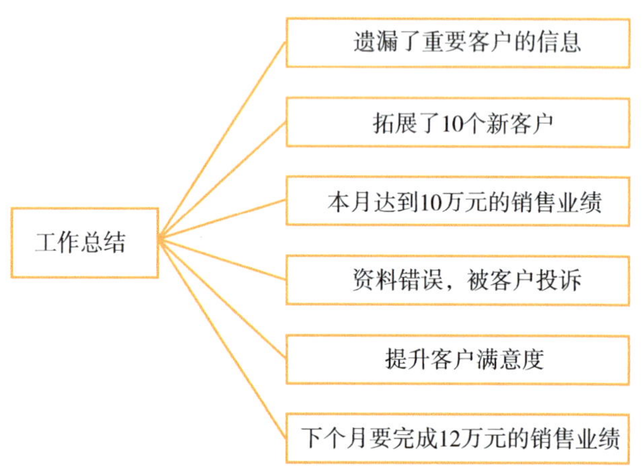

图 2-3　整理前的工作总结

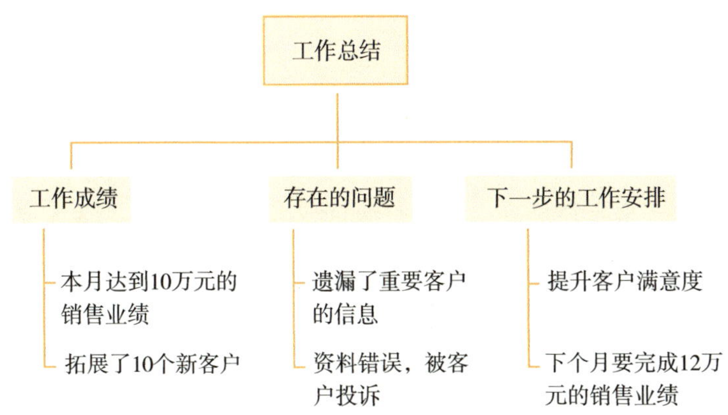

图 2-4　整理后的工作总结

从以上两个例子可以看出，分组、整理后的信息比分组、整理前的信息多了一个维度。也就是说，通过对原来的信息进行归类分组让整体的信息更有条理和逻辑，更便于记忆。这个分组、整理的思考过程就是结构化思维，它可以让内容更有条理、问题更加清晰、解决问题更加高效。

> 所谓结构化思维就是以事物的结构为思考对象，由此展开思考、表达和解决问题的一种思考方法。

要想深入了解并掌握结构化思维，我们就必须先了解结构化思维的工具——金字塔原理。金字塔原理的核心理论是结论先行、自上而下表达、归类分组、逻辑递进。这些理论的思考过程也就是我们所说的结构化思维。换句话说，掌握了金字塔原理也就等于掌握了结构化思维。

2.1.2 结构化思维的 3 大要素

基于金字塔原理，我们归纳总结出结构化思维的 3 大要素，分别为主题鲜明、归类分组和逻辑递进，如图 2-5 所示。

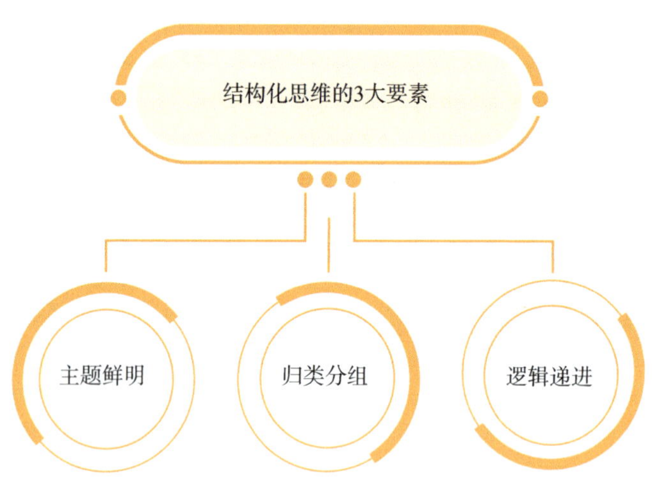

图 2-5 结构化思维的 3 大要素

1. 主题鲜明：有清晰的中心思想

结构化思维要求结论先行。结论也就是我们所说的主题，无论是写作还是演讲，主题一定要明确，让对方知道你想表达的观点是什么。如果主题含糊不清，即便“结论先行”，对方也很难清楚你想表达什么。

鲜明的主题通常具有以下 3 个特点，如图 2-6 所示。

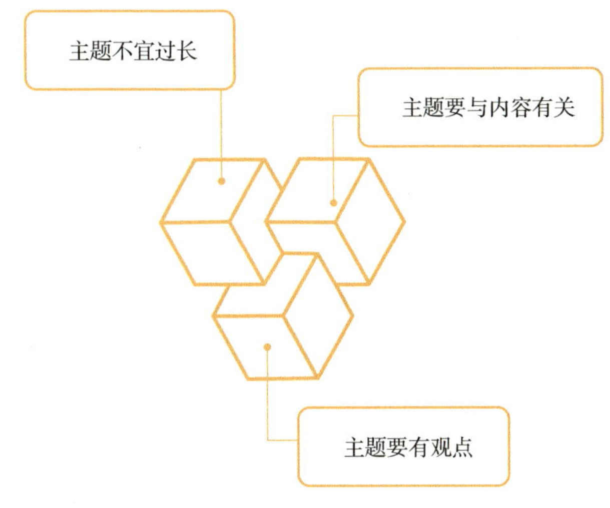

图 2-6　鲜明主题的 3 个特点

（1）主题不宜过长。过长的主题会造成理解困难，表达不清晰等问题。

（2）主题要与内容有关，不能脱离主题谈内容。

（3）主题要有观点。主题是关于讨论的内容持何种观点，所以主题必须明确表达观点。

有了清晰的中心思想后，在文章开头或演讲的开始阶段就可以先说明结论，以吸引读者或听众的眼球。当然，结论先行并不是说要在第一句话就把主要观点抛出来，一个好的结论除了主要观点外还包括情境、冲突和疑问。结论先行也要掌握一定的技巧。

结论先行可以采用SCQA模型，相关内容将在第5章第5节详细介绍。

2. 归类分组：同类信息归为一组

结构化思维要求信息可以有逻辑、有条理地呈现出来，以便于理解和记忆。为了实现这一目标，我们需要对信息进行归类分组，这是结构化思维的核心动作。

归类分组，其实就是将同类信息归为一组。对信息进行归类分组时可以按照以下3个步骤展开，如图2-7所示。

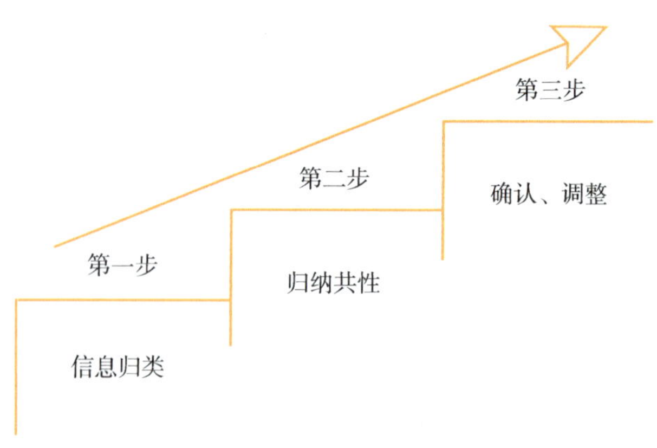

图2-7　对信息进行归类分组的3个步骤

（1）**信息归类**。列出所有的信息选项，对相似的信息进行分组。

（2）**归纳共性**。查看每组中的信息，将它们的共性总结出来，并用一个词来概括整组信息。

（3）确认、调整。仔细查看上一步的分组，确认每组的信息属于同一个范畴。如果发现有的信息不属于同一个范畴，那么就要进行补充或调整。

在归纳分组时要遵循 MECE 原则：分组的各部分内容之间要相互独立，没有重叠；所有部分完全穷尽，没有遗漏其他信息。

3. 逻辑递进：横向层次有递进关系，纵向层次有逻辑关系

逻辑递进是指文章或演讲内容的整个结构中、各层、各组都是逻辑紧密地联系在一起的。逻辑递进关系主要分为两种。

（1）横向层次有递进关系。

横向递进关系主要包括时间顺序、结构顺序和程度顺序。

时间顺序即根据事情的前因后果组织信息的一种逻辑顺序。也就是说，当我们必须采取多种行动（产生结果的原因）才能达到某种结果时，这些行动只能按照时间的先后顺序进行。通常，在阐述产生某种结果的原因集合时会采用时间顺序，如图 2-8 所示。

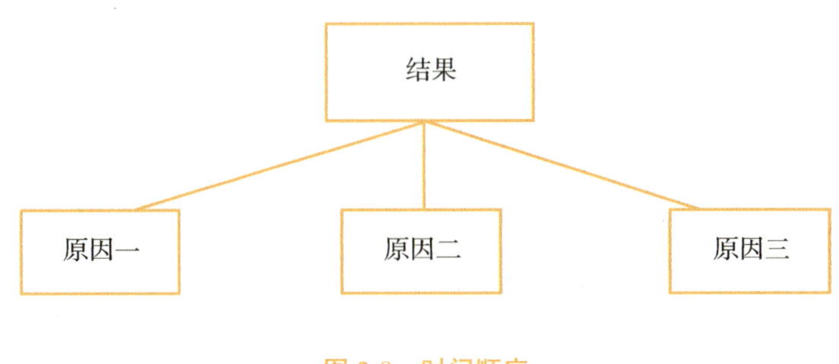

图 2-8　时间顺序

结构顺序也称为空间顺序，是指将整体分割为部分，或将

部分组成整体。通常，在绘制组织结构图时会采用结构顺序，如图 2-9 所示。

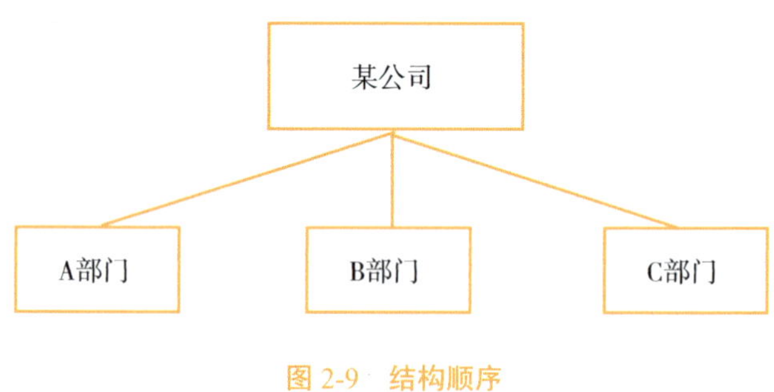

图 2-9　结构顺序

程度顺序也称为重要性顺序，是指将类似事务按重要性归为一组，如从高到低、从大到小、从重要到次要等进行归类分组，如图 2-10 所示。

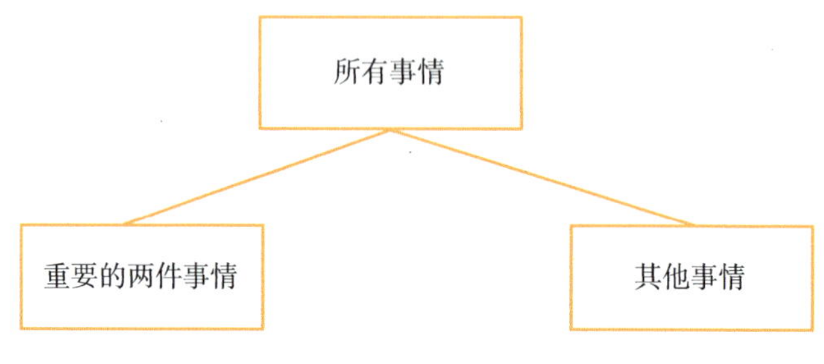

图 2-10　程度顺序

（2）纵向层次有逻辑关系。

纵向逻辑关系主要包括演绎推理和归纳推理。演绎推理是指从一般归类推到具体事实，归纳推理是指从大量个例中总结出一般规律。本章的第 2 节和第 3 节将对演绎推理和归纳推理进行详细的阐述。

掌握好结构化思维的 3 大要素后，我们便能够逐渐建立起结构化思维。在结构化思维方式下呈现出来的内容会更加清晰、完善、有条理，更能有效提升我们的写作能力和表达能力。

2.2　演绎推理的思考逻辑

日常生活中，人们在思考或寻找解决问题的方案时会更多地使用演绎推理。为了符合读者的思维习惯，提升阅读效果，写作者应当掌握演绎推理的思考逻辑，并用这种逻辑清晰地呈现自己的思想。

2.2.1　什么是演绎关系

演绎关系的思想是按照演绎顺序（论证顺序）组织的。在演绎关系中，最后得出的结论是由前面几个承前启后的论述组成的。

我们来看一个演绎关系的例子，如图 2-11 所示。

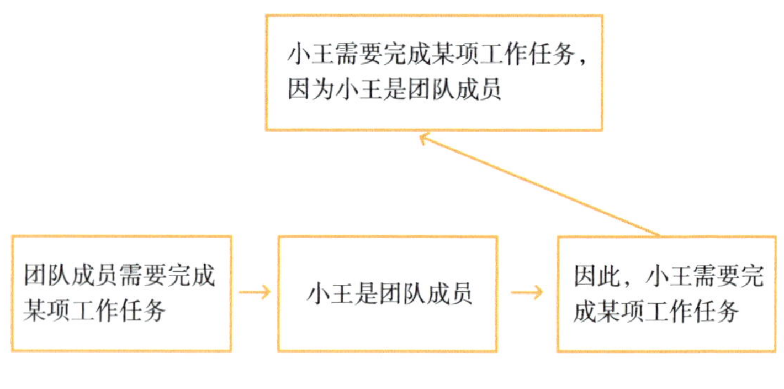

图 2-11　演绎关系

以上就是典型的演绎关系，从“团队成员需要完成某项工作任务”“小王是团队成员”这两个承前启后的论述推导出“小王需要完成某项工作任务”的结论。具体来说，演绎关系有以下 6 个特征。

1. 演绎关系是从一般到特殊的推理

例如，图 2-11 的例子中，“团队成员需要完成某项工作任务”是一般性前提，最后推理出“小王需要完成某项工作任务”是个别结论，也就是我们所说的“特殊”。

2. 演绎关系中的“前提”通常蕴含着“结论”

例如，图 2-11 的例子中，从“团队成员需要完成某项工作任务”这个前提，推理出“小王需要完成某项工作任务”这个结论。实际上，“团队成员需要完成某项工作任务”本身就包含了“小王需要完成某项工作任务”。

3. 演绎关系的“前提”和“结论”之间有必然的联系

演绎关系是从“前提”逐步推理、论证，得出“结论”。例如，图 2-11 的例子中，从“团队成员需要完成某项工作任务”“小王是团队成员”的大前提和小前提，推理出“小王需要完成某项工作任务”。在这种论证方式中，前提和结论之间必定存在一定的联系，否则无法得出最终的结论。

4. 演绎关系中，上一层思想是对整个演绎过程的概括

例如，图 2-11 的例子中，“小王需要完成某项工作任务，因为小王是团队成员”就是对“团队成员需要完成某项工作任务”→“小王是团队成员”→“小王需要完成某项工作任务”的概括。

5. 演绎关系中，每个信息都是由上一个信息推导出的

例如，图 2-11 的例子中，由“团队成员需要完成某项工作任务”“小王是团队成员”，推导出“小王需要完成某项工作任务”。

6. 演绎关系中，第二个信息是对第一个信息的主语或谓语做出的评述

例如，图 2-11 的例子中，“小王是团队成员”是对“团队成员需要完成某项工作任务”这个信息的主语“团队成员”做出的评述。

存在演绎关系的信息一定符合以上 6 个特征，我们可以对照以上特征判断信息之间的逻辑关系是否为演绎关系。

2.2.2 演绎推理的思考步骤

演绎逻辑是一种线性推理方式，是一个由大前提和小前提推导出一个由“因此”得出结论的推理方式。

对照演绎关系的几个特征，我们可以演示一下演绎推理的过程，如图 2-12 所示。

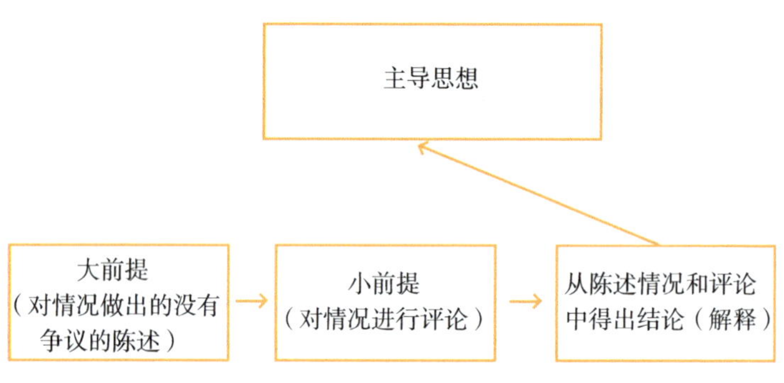

图 2-12　演绎推理的过程

演绎推理实际上是“三段论”形式，即由一个大前提和一个小前提推导出一个结论。基于“三段论”，演绎推理可以通过以下思考步骤展开。

第一步，陈述已经存在的某种情况（该情况不存在争议，是事实）。

第二步，陈述同时存在的相关情况，当第二个陈述是对第一个陈述的主语或谓语做出评述时，那么说明两者之间存在一定的关系。

第三步，对陈述的两种情况同时存在时做出结论（解释）。

除了以上思考步骤，我们也可以按照以下思考步骤进行演绎推理。

第一步，存在的问题或现象。

第二步，产生问题的原因。

第三步，解决问题的方案。

为了深入认识演绎推理的思考步骤，我们来看看下面几个例子，如图 2-13 所示。

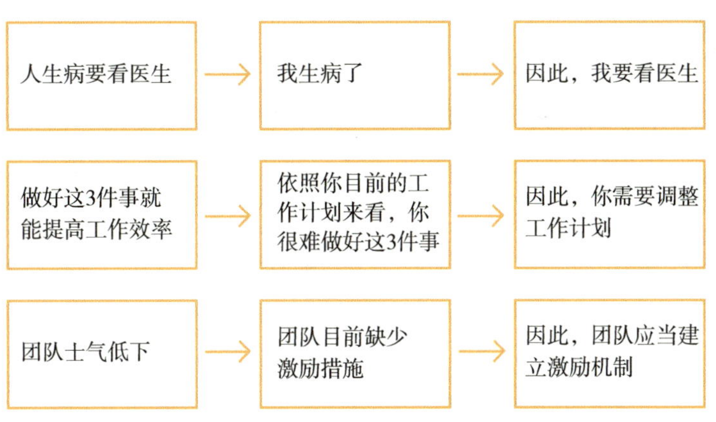

图 2-13　演绎推理的思考步骤

以上几个例子都是按照“三段论”的思考步骤展开的，而且每一个思想都满足演绎关系的特征。在进行演绎推理时，我们要明确演绎关系的特征，并按照以上思考步骤展开推理。

2.2.3 演绎推理在应用中的利弊

演绎推理是人们思考、解决问题时常用的一种推理方法，也是人们在表达思想时采用较多的一种思考方法。虽然演绎推理是一种有效的思考方式，但也存在一定的弊端。换言之，应用演绎推理解决问题时有利有弊。

演绎推理在实际应用中的利弊如图 2-14 所示。

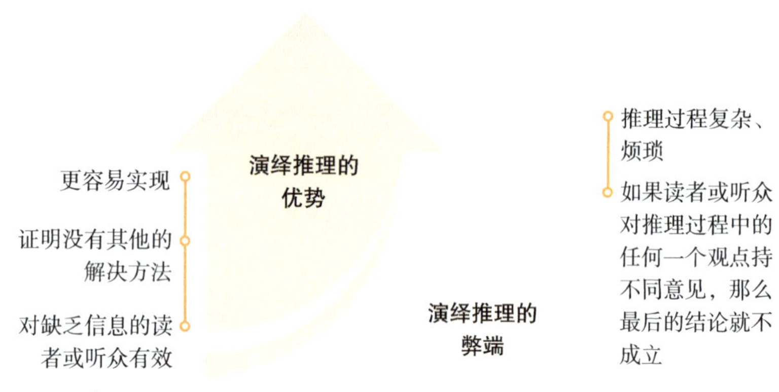

图 2-14　演绎推理在实际应用中的利弊

1. 演绎推理的“利”

演绎推理在实际应用中有以下 3 个有利之处。

（1）更容易实现。

相对来说，演绎推理比归纳推理更容易实现。这是因为人们倾向于按照思维发展的顺序思考，而思维发展的顺序通常是演绎顺序。

（2）证明没有其他的解决方法。

演绎推理是一种严格的论证式的推理方法，具有条理清晰、令人信服的作用，可以向读者或听众证明该问题没有其他解决方案。

（3）对缺乏信息的读者或听众有效。

当读者或听众缺乏相关的信息时，他们就会选择相信你推理得出的结论。

2. 演绎推理的“弊”

演绎推理在实际应用中有以下 2 个弊端。

（1）推理过程复杂、烦琐。

单一的演绎过程比较简单，如由“人需要吃饭”“我是人”推理出“我需要吃饭，因为我是人”。但是如果将两个或两个以上的演绎过程连接起来时，我们会发现这个推理过程十分复杂、烦琐。

> 孙亮的工作能力足以完成当前的工作任务。
>
> 但是孙亮最近身体状况不太好，工作状态不佳。
>
> 因此，孙亮很难完成当前的工作任务。

> 孙亮无法完成工作任务会导致项目无法继续推进。
>
> 孙亮无法完成工作任务。
>
> 因此，项目无法继续推进。

下面，我们将上面这些信息用演绎推理的逻辑方式呈现出来，如图 2-15 所示。

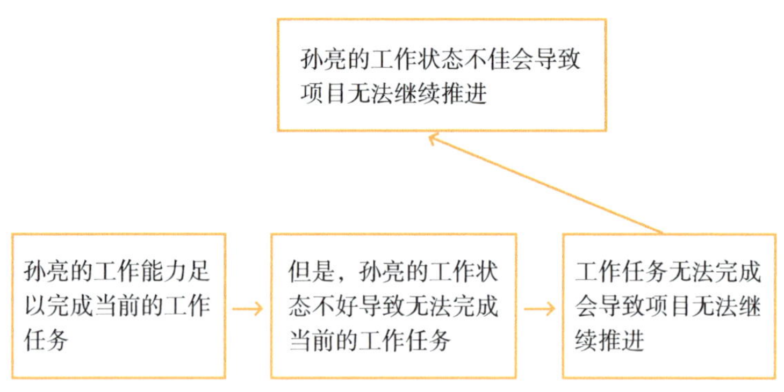

图 2-15　连环式演绎推理过程

对比前面介绍的单一的演绎推理过程，我们不难发现，连环式演绎推理的过程十分复杂、烦琐。这种复杂、烦琐的推理过程意味着读者或听众在推理出结论之前，需要记住更多信息。这将给他们的阅读和理解造成困难，很可能导致他们不愿意继续阅读或听讲。

（2）如果读者或听众对推理过程中的任何一个观点持不同意见，那么最后的结论就不成立。

在演绎推理的过程中，尤其是推理过程比较复杂的时候，很容易出现读者或听众对推理中的某一个观点持不同意见，导致读者或听众不认同演绎推理的最终结论的情况。例如，图 2-15 的推理中，如果读者不认可“孙亮的工作能力足以完成当前的工作任务”这个观点，那么演绎推理出的最终结论“孙亮的工作状态不佳会导致项目无法推进”就不成立，读者可能会认为导致项目无法推进的主要原因是孙亮的工作能力不足。这就意味着，写作者或者演讲者没有成功地传达信息，无法达到写作或演讲的目的。

正是由于演绎推理的过程比较复杂、烦琐，容易造成读者或听众阅读、理解上的困难，所以我们在写作或演讲中尽量不要过多地使用演绎推理。如果要使用演绎推理，那么就要注意推理过程尽量不要超过 4 个步骤，推导出的结论不要超过 2 个。此外，在关键句层次上要尽量避免使用演绎推理，宜使用归纳推理代之。具体如何做呢？我们一起来看下面的例子。

假设管理者要求员工王威必须改变工作方式。演绎推理的过程如图 2-16 所示。

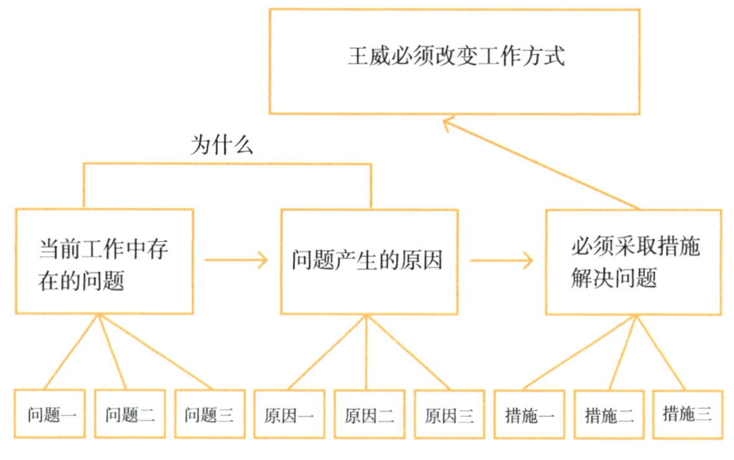

图 2-16　演绎推理的过程

图 2-16 的过程看上去比图 2-15 的过程更复杂、烦琐，整个过程推理下来会让读者或听众感觉非常困难、疲惫，很容易让其产生放弃的念头。如果我们用归纳推理表达图 2-16 的思想，推理过程则如图 2-17 所示。

对比图 2-17 与图 2-16，我们可以很直观地看出，图 2-17 的结构更清晰、更简洁，更便于读者或听众阅读和理解。造成这种区别的关键在于图 2-17 的推理过程在较高层次的思想上使用了归纳推理来表述，在较低层次则使用的是演绎推理。所以，在推理过程比较复杂时，为了便于读者或听众阅读和理解，建议较高层次的思想使用归纳推理表述，较低层次的思想使用演绎推理表述，也可以使用归纳推理表述。在下一节中，我们会具体介绍与归纳推理相关的内容。

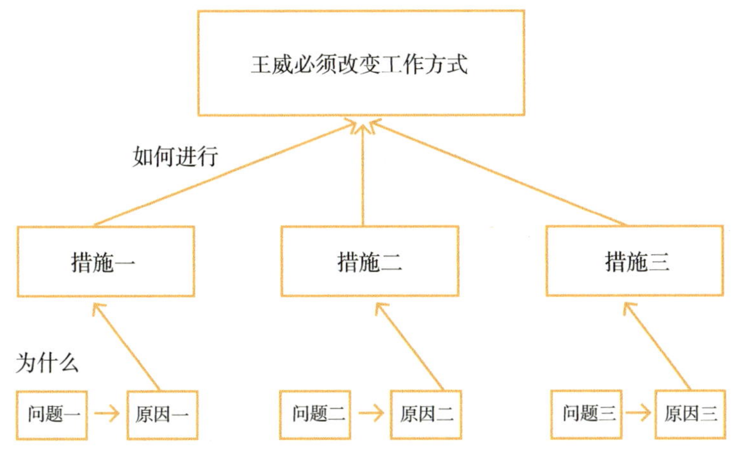

图 2-17　归纳推理的过程

2.3　归纳推理的思考逻辑

在写作或演讲中，归纳推理的应用比演绎推理的应用更加广泛。这主要是因为归纳推理更便于读者或听众阅读和理解。因此，归纳推理的思考逻辑是我们需要重点了解和掌握的一种推理方法。

2.3.1　什么是归纳关系

在归纳关系中，所有思想都具有一个共性，这个共性就是我们所说的结论。

我们来看一个归纳关系的例子，如图 2-18 所示。

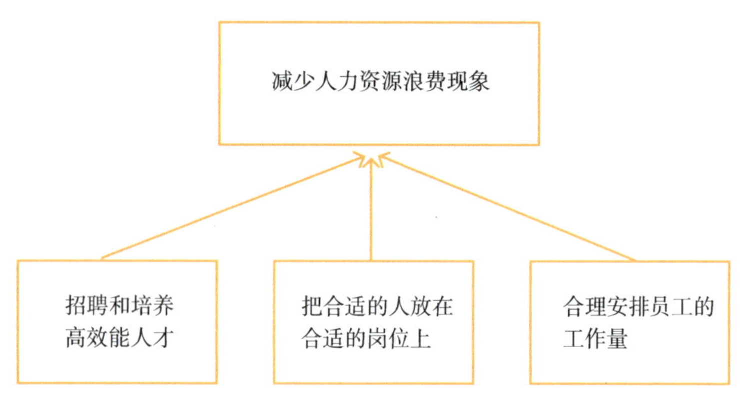

图 2-18　一个使用归纳法的标准金字塔结构

图 2-18 体现的是典型的归纳关系，从“招聘和培养高效能人才”“把合适的人放在合适的岗位上”“合理安排员工的工作量”这组思想中归纳出“共性”思想——“减少人力资源浪费现象”，这就是结论。

归纳关系有以下 4 个特征。

1. 归纳关系中，最重要的是找到一个能概括该组所有思想的复数名词

例如，“招聘和培养高效能人才”“把合适的人放在合适的岗位上”“合理安排员工的工作量”这 3 个思想中提到的“招聘”“培养”“人才”“岗位”“员工”“工作量”都属于“人力资源”的工作范畴，所以我们可以用“人力资源”来概括这组思想。

> 这个能够概括该组所有思想的词必须是复数名词，原因有以下两点：
>
> （1）表示所有一类事物的词都是名词；
>
> （2）该组思想中必定有一个以上该类思想。

所以，找到一个能够概括该组所有思想的复数名词，是归纳关系成立的重要依据。

2. 归纳关系中，各思想之间是并列关系

演绎关系中，每一个思想都是由前一个思想推导出的，但是在归纳关系中不存在这种关系。归纳关系中的各思想之间是并列关系。例如，“招聘和培养高效能人才”“把合适的人放在合适的岗位上”“合理安排员工的工作量”这三者之间是并列关系，并不是由前一个思想推导出的。

因此，归纳关系要求正确定义每个思想，并剔除与该组思想不相称的思想，否则归纳关系就不成立。

例如，“招聘和培养高效能人才”“把合适的人放在合适的岗位上”“合理安排员工的工作量”“编制年度综合财务计划和控制标准”，这组思想中的“编制年度综合财务计划和控制标准”明显属于“财务管理”范畴的思想，和其他思想不相称，应该剔除。

3. 归纳关系中，同组思想有相似的主语或谓语

例如，如果把“招聘和培养高效能人才”“把合适的人放在

合适的岗位上”“合理安排员工的工作量”这3个思想表述完整，其主语都是管理者或企业。

4. 归纳关系中，主要有3种逻辑顺序

归纳关系的逻辑顺序主要有3种：时间顺序、结构顺序、程度顺序，这3种逻辑顺序在第2章2.1.2中有详细的介绍。这3种逻辑顺序既可以单独使用，也可以结合使用。但每一组归纳关系的思想都必须至少存在一种逻辑顺序，并按照这一（些）逻辑顺序进行组织。

总而言之，在判断信息之间是否为归纳关系时，重点要关注是否有一个复数名词能够概括该组所有思想，然后再判断各思想之间是否是并列关系并且具有某种相似性，比如主语或谓语相同。

2.3.2 归纳推理的思考过程

归纳推理是由特殊到一般的推理方法。具体是指将一组具有共同点的事实、思想或观点归类分组，并概括其共性，得出结论。

对照上一节中提到的归纳关系的4个特征，我们演示一下归纳推理的过程，如图2-19所示。

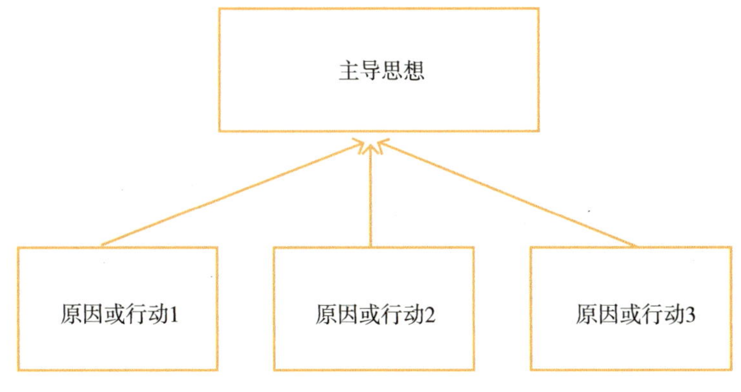

图 2-19　归纳关系的结构图

归纳推理的核心是寻找“共性”。因此，在进行归纳推理时，我们的重点工作是找到一个能够概括该组所有思想的复数名词。

为了深入理解归纳推理的思考过程，我们来看下面几个例子，如图 2-20 所示。

从图 2-20 的几个归纳推理的思考过程中，我们很容易发现，每一组思想都可以用一个复数名词概括，如第一组思想可以用“销售能力”概括，第二组思想可以用“工作积极性”概括，第三组思想可以用“收购标准”概括。同时，以上几组思想中的每一个思想都与概括的复数名词相匹配，即每一个思想都符合该复数名词的描述。

将具有共同点的思想组织在一起，并用一个复数名词概括所有思想，然后自上而下地表达，这就是一个完整的归纳推理的思考过程。

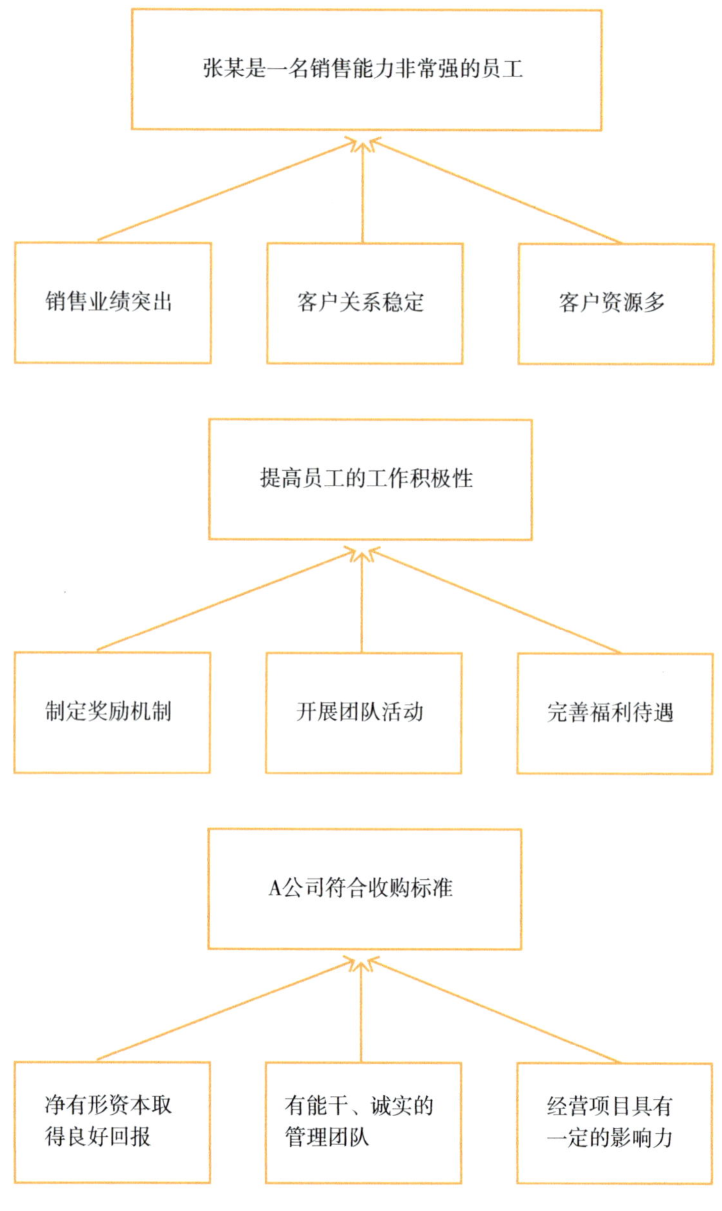

图 2-20　归纳推理的思考过程

为了确定推理是正确的，我们还可以用自下而上的提问方式检查我们的推理。例如，我们可以提问“制定奖励机制”“开展团队活动”“完善福利待遇”都可以达成什么样的目标，由此便可以推导出“提高员工的工作积极性”这个结论。

概括来说，归纳推理的思考过程就是归纳分组、概括共性并得出结论的一个过程。

2.3.3　归纳推理在应用中的利弊

归纳推理在实际应用中同样存在利弊，具体如图 2-21 所示。

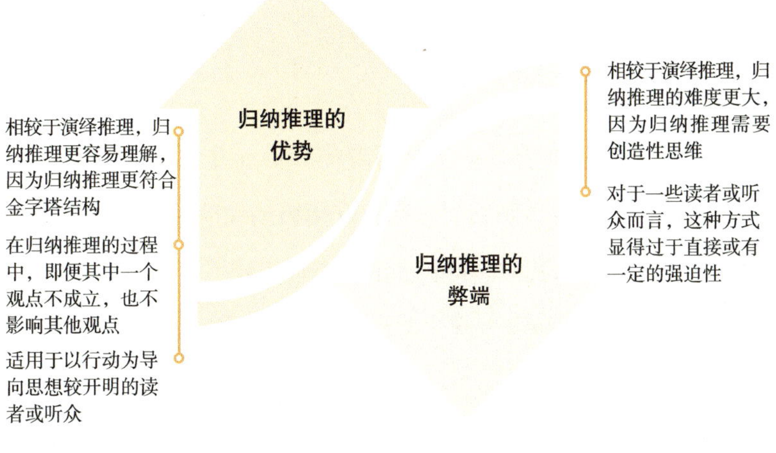

图 2-21　归纳推理在实际应用中的利弊

1. 归纳推理的“利”

归纳推理在实际应用中有以下 3 个优势。

（1）相较于演绎推理，归纳推理更容易理解，因为归纳推理更符合金字塔结构。

（2）在归纳推理的过程中，即便其中一个观点不成立，也不影响其他观点。

（3）适用于以行动为导向的、思想较开明的读者或听众。以行动为导向的读者或听众一般不关注原因，只关注如何行动，归纳推理更能满足他们的需求。思想较开明的读者不会过多关注逻辑的严谨性，即便他们不认同其中的某一个观点，也不会影响他们认同其他观点。

2. 归纳推理的“弊”

归纳推理在实际应用中有以下 2 个弊端。

（1）相较于演绎推理，归纳推理的难度更大，因为归纳推理需要创造性思维。

在进行归纳推理时，大脑需要发现若干个思想、项目、事件的共性，然后将其归纳到一起，并用概括性的复数名词进行表述。这个过程要求我们具备较强的创造性思维。

（2）对于一些读者或听众而言，这种方式显得过于直接或有一定的强迫性。

演绎推理是按照人们思维发展的顺序展开的，逻辑比较严谨，很容易让读者或听众接收信息。相反，归纳推理是按照人们思维发展的相反顺序，采取自上而下的表达方式，有一种强迫读者或听众接收信息的感觉。这种感觉可能导致读者或听众不愿意继续阅读或听讲。

无论是演绎推理还是逻辑推理，在实际应用中都不是绝对有利或绝对有弊的，我们需要采用辩证的眼光去了解、认识这两种思考逻辑，根据表达的内容选择恰当的逻辑推理方式。总之，无论选择哪一种逻辑推理方式，最终的目的都是让读者或听众更容易理解、接受我们所传达的思想。

2.4 案例演练

了解并掌握了结构化思维、演绎推理和归纳推理的思考逻辑后，我们可以通过实际演练，将所学的知识运用到实际工作中。

2.4.1 如何总结工作成果

领导让陈光总结 8 月的工作成果。陈光接到指令之后，开始收集、整理他在 8 月的工作成果，具体内容如下。

团队获得“优秀团队”称号	优化绩效管理制度
组织高效招聘	引导员工制定个人发展规划
调整工作规范的内容	团队业绩全公司第一名
团队绩效目标达到 20 万元	强化风险管理机制
加强培训工作	

这种凌乱的信息一般不是领导想看到的，所以陈光需要对这些进行整理，有逻辑、有条理地展示出来。

陈光可以运用归纳推理的思考逻辑对以上信息进行梳理，并构建金字塔结构。

首先，陈光要对收集到的信息进行归类分组，即将相似的信息归为一组，并对每组信息进行归纳概括，找出共性，如表 2-1 所示。

表 2-1　信息归类分组表

信息	结论
团队获得“优秀团队”称号	注重业绩，打造高绩效团队
团队绩效目标达到 20 万元	
团队业绩全公司第一名	
优化绩效管理制度	强化管理机制，规范精细管理
调整工作规范的内容	
强化风险管理机制	
组织高效招聘	制定人才机制，重视人才发展
加强培训工作	
引导员工制定个人发展规划	

然后，陈光可以根据梳理后的信息搭建金字塔结构，如图 2-22 所示。

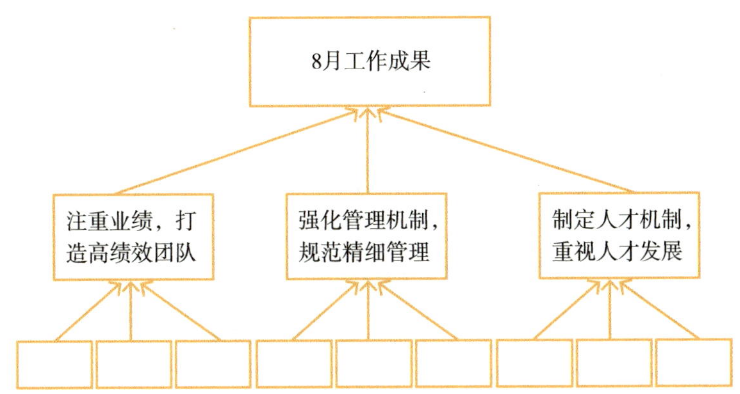

图 2-22　8 月工作成果的金字塔结构

金字塔结构遵循自上而下的表达顺序，即结论先行，然后再阐述各组思想及各个要点。所以，陈光可以按照以下方式向领导汇报其 8 月的工作成果。

……现将 8 月的工作成果总结如下。

注重业绩，打造高绩效团队。具体表现在 3 点，第一点是……第二点是……第三点是……

强化管理机制，规范精细管理。具体表现在 3 点，第一点是……第二点是……第三点是……

制定人才机制，重视人才发展。具体表现在 3 点，第一点是……第二点是……第三点是……

总而言之，撰写工作成果总结就是找出工作中所有比较突出的工作成绩和成就，然后概括总结出工作成果，最后运用自上而下的顺序表达。这样，一篇结构严谨，逻辑通顺的工作成果总结就完成了。

2.4.2 如何撰写销售业绩分析报告

部门领导让销售部门的主管刘晓撰写一份 10 月的销售业绩分析报告。

刘晓收集到的与销售相关的信息如下。

10 月销售额达 50 万元　顺利推进 2 个重点项目　产品研发有待加强　营销策略需要改进　A 产品销售 50 万件、B 产品销售 40 万件　销售员工作积极性不高　加大对研发团队的培训力度和支持力度　销售服务满意度达 90 分以上（总分 100 分）　销售目标：月销售额 55 万元　重点业务增长强劲　制定激励政策　实施多元化的营销策略　产品研发力度不够　缺乏员工激励　营销策略单一

首先，刘晓可以运用归纳逻辑对收集的信息进行归类分组，即将相似的信息归为一组，并对每组信息进行概括，找出共性，如表 2-2 所示。

表 2-2　信息分组归类表

信息	结论
10 月销售额达 50 万元	销售情况和取得的成绩
A 产品销售 50 万件、B 产品销售 40 万件	
顺利推进 2 个重点项目	销售亮点分析
重点业务增长强劲	
产品研发有待加强	存在的问题
销售员工作积极性不高	
营销策略需要改进	
产品研发有待加强	原因分析
缺乏员工激励	
营销策略单一	
加大对研发团队的培训力度和支持力度	改进措施
制定激励政策	
实施多元化的营销策略	
销售目标：月销售额 55 万元	下个月的销售计划
销售服务满意度达 90 分以上（总分 100 分）	

对信息进行整理后，我们可以发现其中一些信息之间的逻辑

关系是演绎关系，如“存在的问题”和“改进措施”。所以，接下来刘晓要做的是认真梳理信息之间的逻辑关系，并运用恰当的逻辑搭建金字塔结构，如图 2-23 所示。

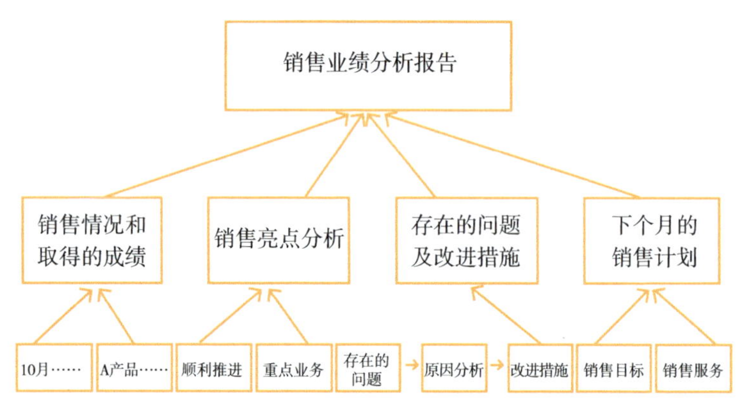

图 2-23 销售业绩分析报告的金字塔结构

在撰写销售业绩分析报告时，我们必须考虑报告的对象——领导最想知道的信息是什么。对于领导而言，他们最想知道的信息一定是销售结果，所以刘晓要先将销售情况和取得的成绩告诉领导。这一点符合金字塔原理中的结论先行原则。但是，只有结果显然是不够的，领导还想知道在取得这个结果的过程中，我们哪些事情做对了，哪些事情存在问题，如何改进，接下来我们准备怎么做，目标是什么。

对信息进行梳理后，销售业绩分析报告可以按照以下结构进行撰写。

10 月销售业绩分析报告

一、销售情况和取得的成绩。

主要取得了 2 个方面的成绩，第一个方面是……第二个方面是……

二、销售亮点分析。

主要有 2 个销售亮点，第一点是……第二点是……

三、存在的问题及改进措施。

主要存在 3 个方面的问题，第一个问题是……第二个问题是……第三个问题是……

导致问题产生的主要原因有 3 个，第一个是……第二个是……第三个是……

针对原因可采取 3 个改进措施，第一个是……第二个是……第三个是……

四、下个月的销售计划。

主要完成两大目标任务，第一个是……第二个是……

撰写销售业绩分析报告其实并不难，我们可以先用归纳逻辑对收集的信息进行归类分组，然后再确定每组信息之间的逻辑关系，并按照恰当的逻辑顺序搭建金字塔结构，最后自上而下地表述即可。通常分析报告中会用演绎逻辑分析问题，找出改进问题的措施，所以，撰写销售业绩分析报告需要同时运用归纳逻辑和演绎逻辑。如何结合两种逻辑组织信息应根据信息之间的逻辑关系而定。

第 3 章

解决问题：如何应用金字塔原理界定、分析和解决问题

在生活或工作中，我们难免会遇到一些问题，如何高效解决这些问题成为我们的迫切需求。解决问题的关键在于明确问题在哪里，并对问题进行深入分析，然后才能找到恰当的解决方案。金字塔原理就可以用来界定问题、分析问题、解决问题。所以说，我们掌握了金字塔原理，也就等于掌握了高效解决问题的方法，它可以帮助我们有效提升生活和工作的质量。

3.1　界定问题

解决问题的前提是能够清楚地界定问题，也就是要判断问题是否存在，具体的问题是什么。这个过程其实就是看我们努力取得的结果与期望取得的结果之间是否存在差距，具体的差距是什么。

努力取得的结果可以称之为“现状”，期望取得的结果可以称之为“目标”，所以问题就是现实与目标之间存在的差距，界定问题则是要找到这个差距在哪里，是什么。

3.1.1　设想问题产生的领域

正常情况下，现状与目标之间的差距不会凭空产生，而是在某一特定背景下，并在一系列特定条件下产生的。特定的背景或一系列条件可能比较简单，也可能比较复杂。但是无论如何，我们都要搞清楚问题产生的背景和条件，这是界定问题的关键。

A 公司的销售模式是由销售员锁定目标客户，然后进行线下引流，线上销售。这种模式持续了 5 年，取得了不错的成绩，销售额几乎每年增长 20%。但是到 2021 年年末的时候，相关数据显示当年的销售额并没有增长，而且第二年的销售额可能会减少 20%。面对这种情况，公司召开会议进行讨论，旨在找出问题，采取相应措施，使销售额保持稳定增长。

我们可以依据问题产生的背景、存在的困难、现状和目标绘制一个问题界定框架，如图 3-1 所示。

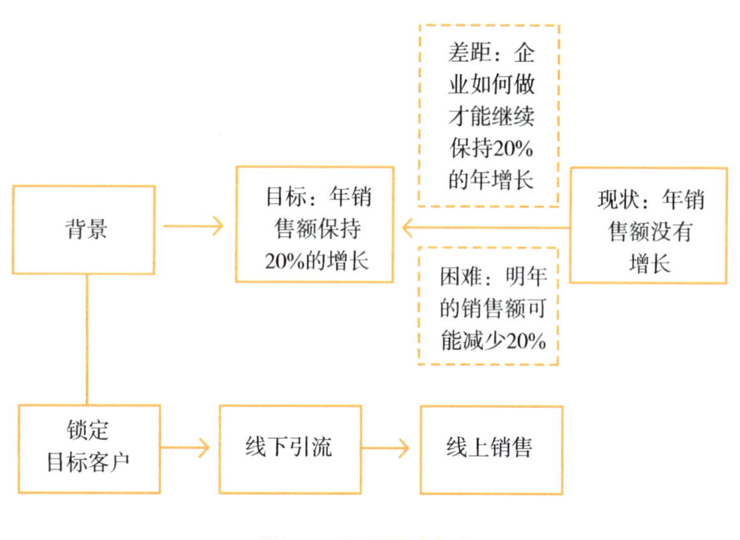

图 3-1　问题界定框架

现状与目标之间存在差距，这个差距就是企业当前存在的问题。为了解决问题，我们必须找出出现差距的原因和缩短差距的措施。一般出现差距的原因可以从背景描述的各个领域中寻找。因此，为了明确界定问题，我们要设想问题具体产生于哪一个领域。

上述案例中，问题产生的背景涉及 3 个领域——锁定目标客户、线下引流、线上销售。我们可以设想一下问题产生的领域。A 公司的年销售额没有增长的现状可能产生于“目标客户”，也可能产生于“线下引流”或“线上销售”，那么 A 公司年销售额没有增长的原因可能是：

（1）目标客户名单没有及时更新；

（2）线下引流力度不够；

（3）线上销售转化率降低。

这一步只是设想，是为寻找问题及问题产生的原因锁定方向。在实际的工作中，我们遇到问题时都可以从问题产生的背景切入，寻找问题的根源所在。

3.1.2　确定问题处理的现状

确定问题处理的现状是指确定问题处于哪一个阶段，是已经有解决方案了，还是解决方案已经被接受了。只有明确问题处于哪一个阶段，我们才能精准界定问题，有针对性地找出解决问题的方案。

工作中常见的比较基本的问题是“如何从现状到目标”，其实就是在提问“我们应该做什么”，如图 3-2 所示。

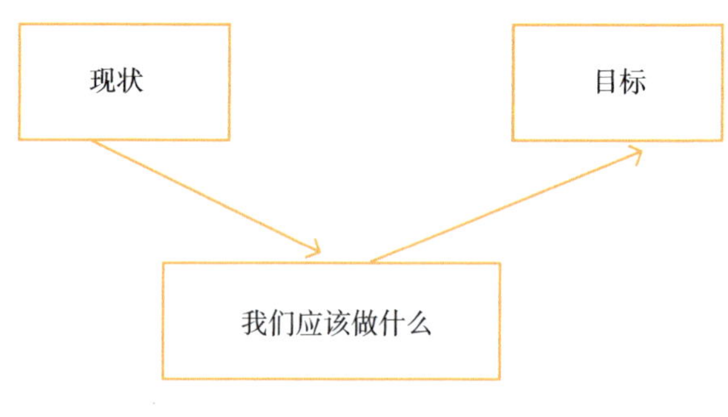

图 3-2　如何从现状到目标

在实际工作中，我们遇到的问题大多数都比较复杂。例如，销售团队发现了业绩不佳的问题所在，并且已经找到了解决问题的方案，如图 3-3 所示。

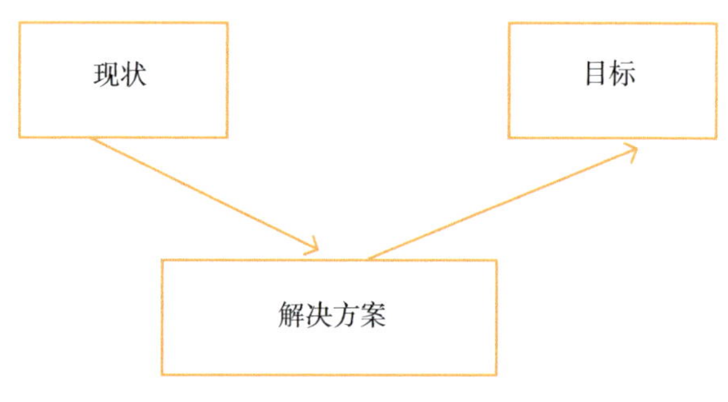

图 3-3　已知解决问题的方案

在这种情况下，销售团队遇到的问题可能是“该方案是否正确”或者“该方案如何实施”，或者说销售团队在实施的过程中发现该方案行不通，如图 3-4 所示。

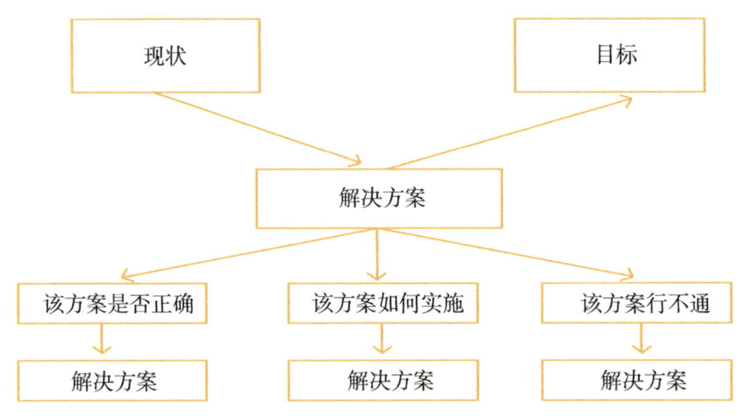

图 3-4　问题处理的现状不同，解决方案也不同

对比图 3-2、图 3-3 和图 3-4 可以看出，问题处于不同的阶段时，我们需要给出的解决方案也不同。因此，在对问题进行界定时，我们一定要确定问题处理的现状。

3.1.3　提出适当的疑问

确定问题处理的现状之后，我们就要进一步提出疑问，以便进一步界定问题。问题处理的现状不同，提出的疑问也会不同。根据问题处理的不同现状，或者寻找解决方案的不同初衷，我们通常会提出以下几个疑问中的一个。

1. 明确当前的现状必须改变，但是我们不知道目标是什么

我们已经明确当前的现状必须改变，但是没有明确的目标，也不知道如何实现目标。如图 3-5 所示。

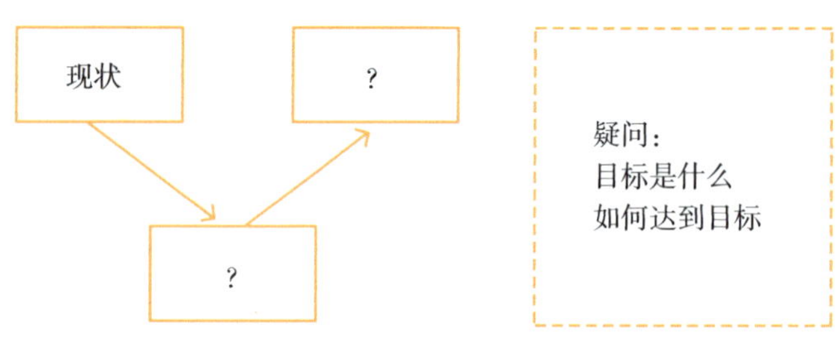

图 3-5　现状明确，目标不明确

2. 现在是否存在问题？如果存在问题，我们该如何做

我们已经知道目标是什么，但是不知道现在是否存在问题，如果存在问题又该怎么做才能实现目标，如图 3-6 所示。

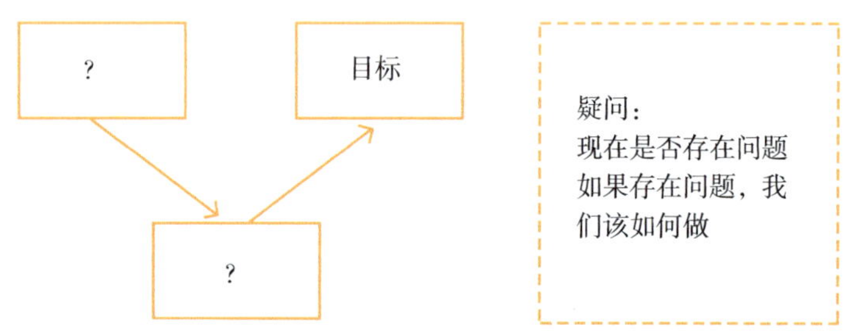

图 3-6　目标明确，现状及解决方案不明确

3. 不知道如何从现状到目标

我们已经明确了问题处理的现状，同时也明确了问题解决的目标，但是不知道如何从现状到目标，如图 3-7 所示。

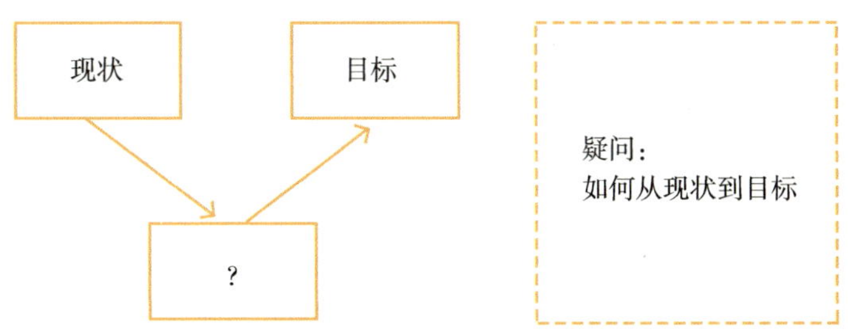

图 3-7　现状和目标都明确，解决方案不明确

4. 解决问题的方案是否正确 / 如何实施该解决方案

我们已经知道了解决问题的方案，但是我们不知道该方案是否正确，或者如何实施该方案，如图 3-8 所示。

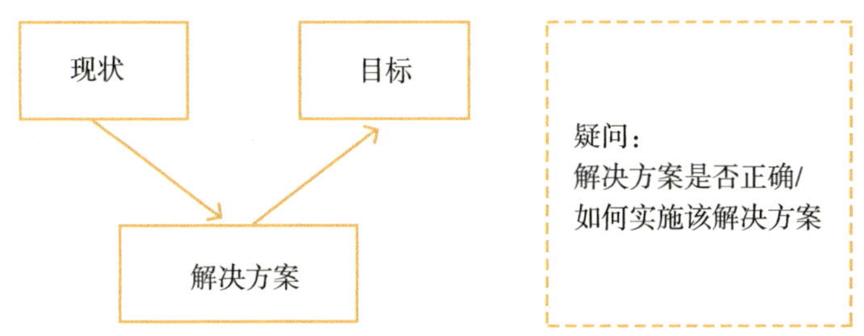

图 3-8　解决方案是否正确或如何实施

5. 解决方案行不通，下一步该如何做

我们已经知道解决问题的方案，并积极实施了该方案，但是在实施的过程中我们发现该方案行不通。面对这种情况，我们需要明确的就是“下一步该如何做”，如图 3-9 所示。

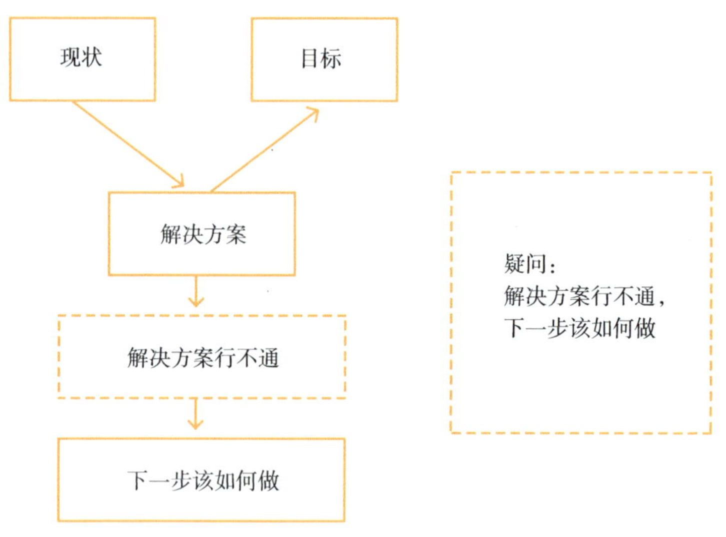

图 3-9　解决方案行不通

6. 有不同的解决方案，选择哪一个更好

有不同的解决方案可供选择，但是我们不知道哪一个解决方案更好，如图 3-10 所示。

当我们明确问题产生的领域和问题处理的现状后，便可以提出适当的疑问，这个疑问就是我们界定的问题。接下来我们要做的就是对问题进行分析，找到解决问题的方案。

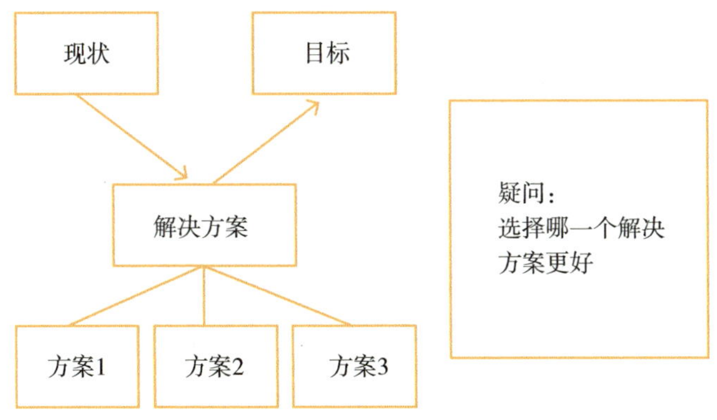

图 3-10　不同的解决方案如何选择

3.2　结构性分析问题

大多数人在分析问题之前会大量收集与问题相关的资料，等资料准备齐全后，才开始正式分析问题。但在分析问题的过程中，我们可能会发现有些资料其实与问题的关系并不大。为了将更多的时间和精力投入问题分析中，帮助我们精准地找出解决问题的方案，我们应当对问题进行结构性分析，即对问题的结构进行划分，然后假设问题产生的可能原因。完成这项工作之后，我们再有针对性地收集资料，证明或排除导致问题产生的各个原因。

3.2.1　划分问题结构

结构性分析问题的重点是划分问题结构，这样做可以帮助我们找到分析问题时应重点关注的内容。我们在工作中遇到的问题，其产生的领域通常有比较清晰的结构，即由不同的结构或流程组成。我们可以依据该领域的结构或流程呈现问题的详细结构。

某团队的销售业绩下降，销售主管需要找出导致销售业绩下降的问题出在哪里。销售主管首先要做的是根据团队销售的流程绘制团队销售结构示意图，如图 3-11 所示。

图 3-11　某团队产品销售结构示意图

图 3-11 属于比较简单的结构示意图。从该结构图中我们可以看出销售的各个环节，从而可以针对这些环节收集相关资料，以确定问题产生于哪一个环节。在实际工作中，有些领域的结构或流程可能比较复杂，涉及的环节比较多。

某零售商某月的销售额大幅下降，零售商要找出导致销售额下降的原因在哪里。零售商首先要做的是根据经营流程绘制结构图，如图 3-12 所示。

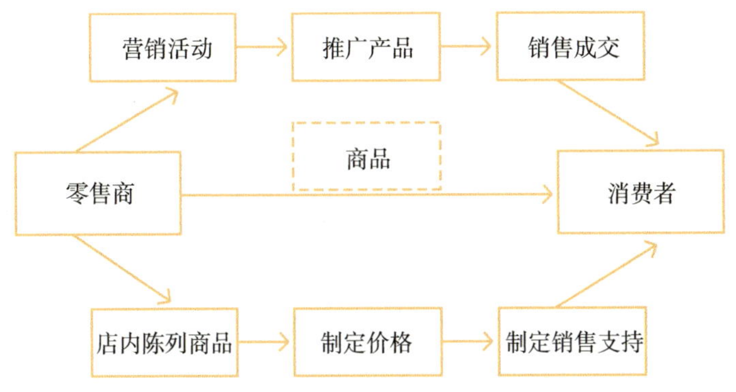

图 3-12　零售商经营结构示意图

图 3-12 的结构比较复杂，但是我们可以发现，无论结构或流程多复杂，利用结构图的方式都可以使各个环节一目了然，便于我们找出问题具体出现在哪一个环节。因此，在对问题进行分析时，我们要学会根据问题所在领域的结构或流程绘制结构示意图，呈现有形结构。

3.2.2　假设问题产生的可能原因

划分问题结构是为了呈现问题所在领域的详细结构或流程，这样有助于我们全面、细致地找出可能存在问题的具体环节。接下来，我们要做的是按照因果关系，假设问题产生的可能原因。

例如，导致企业成本过高的可能原因有以下几个。			
产品研发	管理	维修	人工
服务	物料	销售	广告
原材料	辅料	每小时工资	工作效率

为了使这些原因看上去更清晰、更有逻辑，我们可以利用金字塔原理对这些原因进行归类分组，如图 3-13 所示。

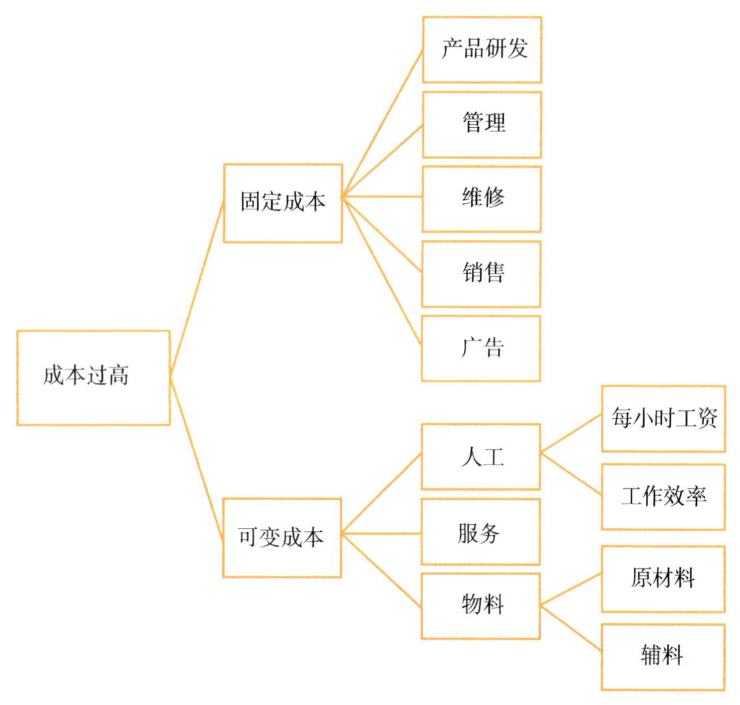

图 3-13　成本过高的可能原因示意图

这一步我们要做的是假设，因此要遵循金字塔原理中的 MECE 原则，在对可能原因进行归类分组时做到“相互独立、完全穷尽”，这样才能全面、深入地找出导致问题产生的所有可能原因。

3.2.3　收集资料以证明或排除所做假设

假设问题产生的可能原因中，有些是导致问题产生的原因，有些并不是导致问题产生的原因。因此，接下来我们要做的就是有针对性地搜集相关资料，以证明或排除所做的假设。

首先，我们要针对每一个假设的可能原因收集相关资料。这种有针对性地收集资料的方式，可以帮助我们避免花费太多的时间和精力收集不相关的资料。

其次，我们将收集到的信息、数据与原因相对应，确定该原因是否为导致问题产生的原因。如果答案是“是”，那么证明该原因是导致问题产生的原因；如果答案是“否”，那么就可以排除该原因。

> 张成工作效率低，我们先假设导致张成工作效率低的可能原因，并将这些原因分为内部因素和外部因素，然后绘制问题结构示意图，如图 3-14 所示。

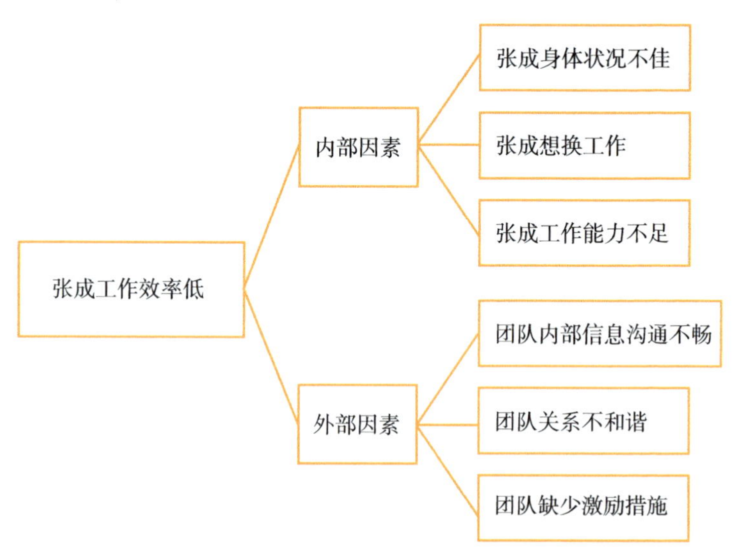

图 3-14　张成工作效率低的可能原因示意图

关于张成工作效率低的问题，我们收集到的资料是张成近期生病了。这个资料证明张成身体状况不佳是导致其工作效率降低的原因。

另有资料表明，张成很喜欢当前这份工作，并且制定了职业生涯规划。通过这个资料，我们可以排除“张成想换工作”这个假设原因。

具体如图 3-15 所示。

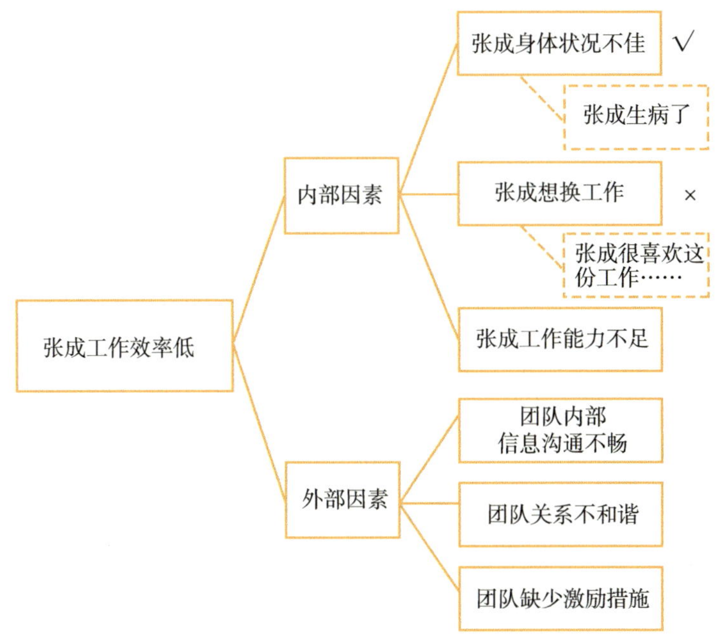

图 3-15　证明或排除所做的假设

按照这种方式，我们可以对假设问题产生的可能原因进行证明或排除，最终找出导致问题产生的最可能原因。

3.2.4　利用鱼骨图确定问题的根本原因

问题产生的最可能原因也许不止一个，其中某些原因其实并不是导致问题产生的根本原因。如果不是导致问题产生的根本原因，那么我们最终提出的方案可能会“治标不治本”。因此，为了彻底解决问题，我们还需要确定问题产生的根本原因。

我们可以利用鱼骨图来确定问题产生的根本原因。

鱼骨图又名因果图，是发现问题根本原因的一种分析方法，其结构如图 3-16 所示。

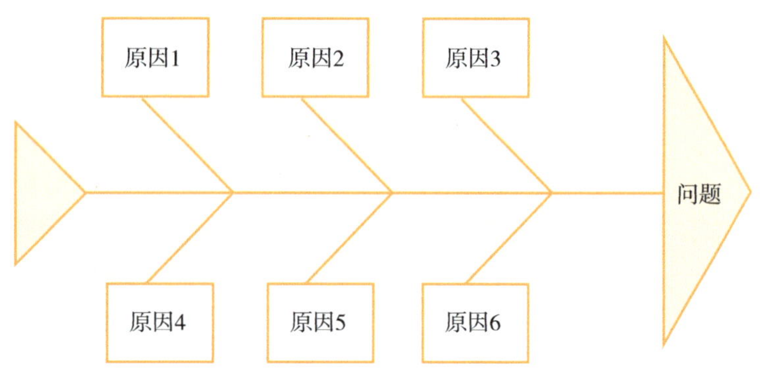

图 3-16　鱼骨图

那么，如何利用鱼骨图这个工具确定问题的根本原因呢？

1. 确定需要解决的问题

我们要确定问题产生的根本原因，首先需要确定这个问题是什么。在界定问题环节，我们就已经确定了问题。现在，将问题写在鱼骨的头上，如图 3-16 所示。

2. 将导致问题产生的原因按照相似性归类分组，写在鱼骨上

在“假设问题产生的可能原因”中，我们介绍了对可能原因进行归类分组，这里同样需要进行这一步，即将导致问题产生的最可能原因按照相似性进行归类分组，并将原因写在鱼骨上，如图 3-17 所示。

图 3-17　对原因进行归类分组的鱼骨图

通过鱼骨图，我们可以很直观地看出导致问题产生的各个原因，以及各个原因之间的相互影响，这样有助于我们有条理地展开下一步的工作。

3. 收集资料或头脑风暴

我们需要针对鱼骨图中的各个原因进一步收集资料，然后通过资料确定问题产生的根本原因。经过证明、排除环节之后，鱼骨图中的各个原因都与问题有较强的关联性，因此如果只是收集资料可能很难确定根本原因，这个时候我们可以邀请各个原因背后的相关人员组织团队会议，运用头脑风暴法对各个原因进行深入讨论，最终统一意见，确定问题的根本原因。

鱼骨图分析法其实就是对问题不断地刨根问底。这种方法能够帮助我们全面、系统地认识问题、细化问题，进而能够分析、确定问题产生的根本原因。

3.3 提出解决方案

确定问题产生的根本原因后，下一步我们就要针对根本原因提出解决问题的方案。这一步是解决问题的最后一步。

3.3.1 建立逻辑树，提出备选方案

很多时候，问题的解决方案可能不只有一种，这个时候我们要做的是将可能的方案都提出来，作为备选方案。我们可以通过建立逻辑树的方式提出备选方案。

逻辑树也称分析树或分解树，可以用来将解决方案按照一定的逻辑分层罗列，便于我们提出更多的备选方案。

导致某企业成本过高问题的主要原因是人工成本过高。为了找到降低人工成本的解决方案，我们可以用逻辑树对各种可能性解决方案按照一定的逻辑进行细分，如图 3-18 所示。

图 3-18 将降低人工成本细分为 4 个方面——研发部门人工成本、生产部门人工成本、销售部门人工成本、其他，然后再将生产部门人工成本细分为每小时人工成本和每年人工成本。

每小时人工成本 = 人工总成本 / 工作时间

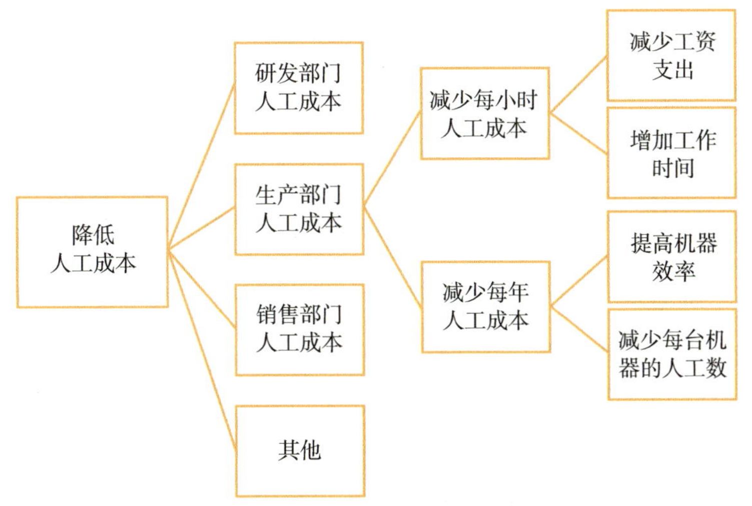

图 3-18　降低人工成本的方案示意图

由此公式我们可以推导出，要降低每小时人工成本，在工作时间不变的前提下就要降低人工总成本，或者在人工总成本不变的情况下增加工作时间。由此我们可以分析出降低每小时人工成本的解决方案主要有两种：减少工资支出和增加工作时间。

同理，我们可以分析出减少每年人工成本的解决方案：提高机器效率和减少每台机器的人工数。

其他部门及其他成本都可以按照上述逻辑进行细分。这样一来，我们就可以得出所有解决问题的可能性方案，作为备选方案。

用建立逻辑树的方式可以帮助我们尽可能多地提出备选方

案，有利于我们后期找到更有利于解决问题的方案。在这里我们要注意的是，建立逻辑树时同样要遵循金字塔原理中的 MECE 原则，解决方案要做到“完全穷尽，相互独立”。

3.3.2 建立决策树，对方案进行分析论证

备选方案可能有很多，但有些方案明显行不通，而且企业或团队的时间和精力是有限的，不可能将所有的方案都试行一遍。因此，我们还需要对备选方案进行进一步筛选，选出最佳的解决方案。建立决策树可以帮助我们对方案进行分析论证，从而选择出最佳的解决方案。

决策树实际上是一种十分常用的分类方法，是指在各种方案已经产生效果的基础上，通过构建决策树来选出解决问题的最佳方案。因为这种决策分支画成图形很像一棵树的树干，故称为决策树，如图 3-19 所示。

1. 决策点

决策点是对备选方案的选择，即最后选择的最佳方案。如图 3-19 所示，从决策点出发引出的分支为方案枝，每个方案枝代表一个方案。如果决策属于多级决策，那么决策树的中间可以有多个决策点，以决策树根部的决策点为最终决策方案。决策点在决策树模型中通常用矩形框来表示。

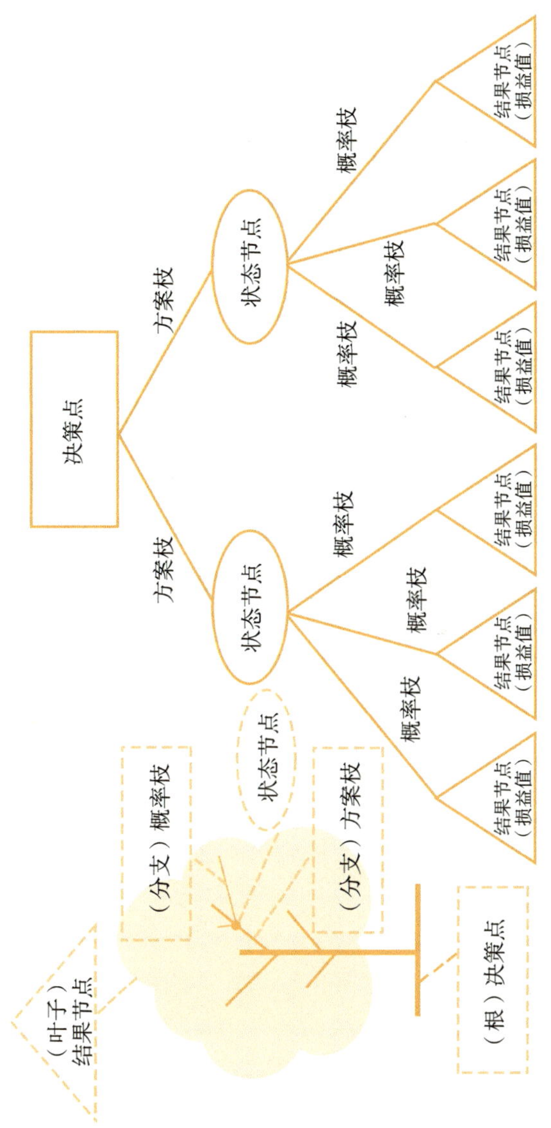
决策点
方案枝
方案枝
状态节点
状态节点
概率枝
概率枝
概率枝
概率枝
概率枝
概率枝
结果节点（损益值）
结果节点（损益值）
结果节点（损益值）
结果节点（损益值）
结果节点（损益值）
结果节点（损益值）
（叶子）结果节点
（分支）概率枝
状态节点
（分支）方案枝
（根）决策点

图 3-19　决策树模型

2. 状态节点

状态节点是指备选方案的期望值，期望值的计算公式为：状态节点的期望值 = Σ（损益值 × 概率值）。通过各个节点的期望值对比，按照一定的决策标准就可以选择出解决问题的最佳方案。如图 3-19 所示，由状态节点引出的分支称为概率枝，概率枝的数目表示可能出现的自然状态数目，每个分枝上要注明该状态出现的概率。状态节点在决策树模型中通常用圆形框来表示。

3. 结果节点

结果节点是指每个方案在各种自然状态下取得的损益值。如图 3-19 所示，一条概率枝则代表一种可能性，不同的概率枝下取得的损益值不同，所有可能性的概率下损益值相加总和应为 1。结果节点在决策树模型中常用三角形框来表示。

某企业为了满足业务增长需求，扩大产品的生产规模，需在建大厂和建小厂之间选择最佳解决方案。根据市场调研和预测，产品销路好的概率为 0.6，销路差的概率为 0.4。现有两种方案供企业选择。

方案一：建大厂，需投资 500 万元。据初步预估，产品销路好时，每年可获利 300 万元。销路差时，每年会损失 140 万元。经营年限为 15 年。

方案二：建小厂，需投资 300 万元。产品销路好时，每年可获利 100 万元。销路差时，每年仍可获利 40 万元。经营年限为 15 年。

企业应该选择哪种方案呢?

首先，我们可以建立决策树分析模型，对两个方案进行深入分析，如图 3-20 所示。

其次，我们要计算出每个状态节点的期望值。

期望值的计算公式为：

状态节点的期望值 = Σ（损益值 × 概率值）× 经营年限

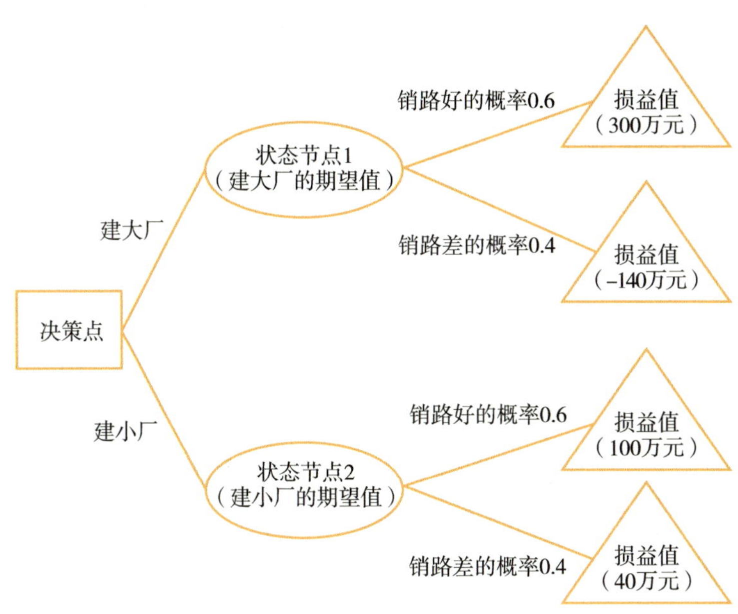

图 3-20　用决策树选择最佳方案

根据公式我们可以计算出两种方案的期望值：

方案一（状态节点 1）的期望值 =［0.6×300+0.4×（–140）］×15－500=1 360（万元）；

方案二（状态节点 2）的期望值 =［0.6×100+0.4×40］×15－300=840（万元）。

最后，剪枝，选择最优方案。

计算结果显示，方案一的利润较高，因此方案一是两个方案中的最优方案。

概括来说，决策树分析法就是根据实际情况绘制决策树模型，然后计算各个状态节点的期望值，最后通过各个节点的期望值对比，按照一定的决策标准便可以选择最佳方案。

所以，当备选方案太多的时候也无须担心，我们只需要建立决策树逐步分析，即可做出一个最有利于解决问题的决策。

3.3.3 建立金字塔结构，传达解决方案

确定了问题的解决方案并不等于问题解决了，接下来我们还需要将解决方案有效地传达给执行人员，促进方案更快更准确地落地。要想有效地传达解决方案就要建立金字塔结构。

解决问题的思路是界定问题、分析问题、提出解决方案，如图 3-21 所示。

图 3-21　解决问题的思路

传达解决方案则遵循金字塔原理——自上而下地表达，即先传达解决方案，再说明问题，最后分析原因，如图 3-22 所示。

图 3-22　传达解决方案的顺序

具体、有逻辑的表达应当建立完善的金字塔结构，如图 3-23 所示。

在实际工作中，传达解决方案实际上就是告诉对方：现在存在什么问题，我们应该做什么才能解决这个问题，为什么要做这些事，具体如何做这些事，或者我是如何知道要做这些事的。

运用金字塔结构表达的第一个原则是结论先行，所以我们在传达解决方案时首先要给出解决方案。给出解决方案也要讲究一定的技巧，我们可以使用金字塔原理中的 SCQA 模型。SCQA 模型的结构和内容我们在导读的图中已经了解，具体有 4 种结构，包括先介绍情境、冲突，再提出解决方案的标准式结构；先提出解决方案，再介绍情境、冲突的开门见山式结构；先强调冲突，再介绍情境，最后提出解决方案的突出忧虑式结构；先提出疑问，再介绍情境、冲突，最后提出解决方案的突出信心式结构。

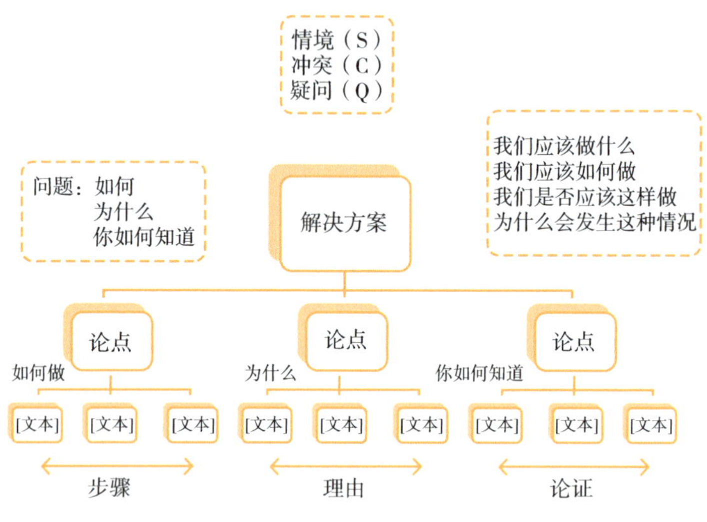

图 3-23　以金字塔结构传达问题的解决方案

如图 3-23 所示，运用 SCQA 模型传达解决方案时，我们可以采取以下 4 个步骤。

1. 第一步：交代情境、冲突或提出疑问

SCQA 模型有 4 种结构，这 4 种结构并不是固定不变的，也就是说，SCQA 模型的第一步可以先交代情境，也可以交代冲突或者提出疑问。具体先传达什么，应该根据我们想突出的内容，或者根据能够最大程度吸引读者的表达方式选择合适的结构。SCQA 模型的主要内容在第 5 章第 4 节会详细阐述。

2. 第二步：给出解决方案

交代了情境、冲突或提出疑问后，会激发读者对解决方案的兴趣，因此，第二步可以自然而然地引出解决方案。

解决方案属于 SCQA 模型中的“A”，因为 SCQA 模型不是固定的，所以第二步与第一步可以根据实际情况调换。例如，解决方案非常独特，可以瞬间抓住读者的眼球，那么就可以一开始就给出解决方案，然后再交代情境、冲突或提出疑问。

3. 第三步：明确问题（论点）

给出解决方案后，读者或听众可能会由此产生一些疑问，“为什么是这个解决方案”“你如何知道这个解决方案可行”等。为了进一步解答读者或听众的疑问，我们需要进一步明确问题，即要围绕解决方案阐述我们的主要论点。论点之间要尽可能用归纳逻辑，以便于读者或听众理解和接受。

4. 第四步：进一步阐述论点

最后，我们还要对论点进行进一步的阐述，以更大力度支撑我们提出的解决方案，获得读者的认同。阐述论点可以用归纳法总结，阐述“如何做”“为什么”，也可以用演绎法论证观点，具体应根据论点之间的逻辑关系正确选择逻辑顺序阐述论点。总之，这一步一定要将论点中的要点介绍清楚，涉及策略或方法的内容一定要落地，理由一定要有说服力。

要注意的是，第三步和第四步的顺序不可以变动，这一点遵循的是金字塔原理中的“文章中任一层次上的思想必须是对下一层次思想的总结概括”。如果第三步、第四步的顺序乱了，那么思想层次就不对了，传达的解决方案就会逻辑不清，不便于读者理解和记忆。

一个完整、高效的解决问题的逻辑是界定问题、分析问题、提出解决方案，这 3 个环节的任何一个环节出现问题都会影响解决问题的效率和效果，尤其是最后传达方案的环节。因为只有方案有效地传达出去，问题才能得以解决。所以，我们要学会运用金字塔原理搭建传达解决方案的金字塔结构，实现有效传达。

3.4 案例演练

界定、分析和解决问题是我们在工作和生活中必备的技能。本节我们通过工作中的几个案例演练帮助大家更好地掌握这个技能。

3.4.1 如何运用 5W2H 结构描述问题

解决问题的前提是要将问题清楚地描述出来，所以我们需要掌握描述问题的技巧。

某公司决定取消人力资源部门，但遭到了很多人的反对，老板一时拿不定主意。关于是否取消人力资源部门，老板关心的问题可能有以下几个。

为什么要取消人力资源部门？

如果不取消人力资源部门存在哪些问题？如何解决这些问题？

如果取消人力资源部门，那么以后与人力资源相关的工作交给谁？

如果交给外包公司，外包公司是否靠谱？外包公司的费用是多少？与保留人力资源部门相比，哪个费用更高？

取消人力资源部门，相关工作交给外包公司后，工作如何交接？

外包公司是否稳定？

……

案例中“是否取消人力资源部门”看似是一个简单的问题，实际上背后牵扯很多细节问题，如果只是像上述那样表达，很容易让读者或听众感到迷惑，不知道我们到底想要表达什么。为此，我们可以用 5W2H 结构对案例中的问题进行更有逻辑的描述，如图 3-24 所示。

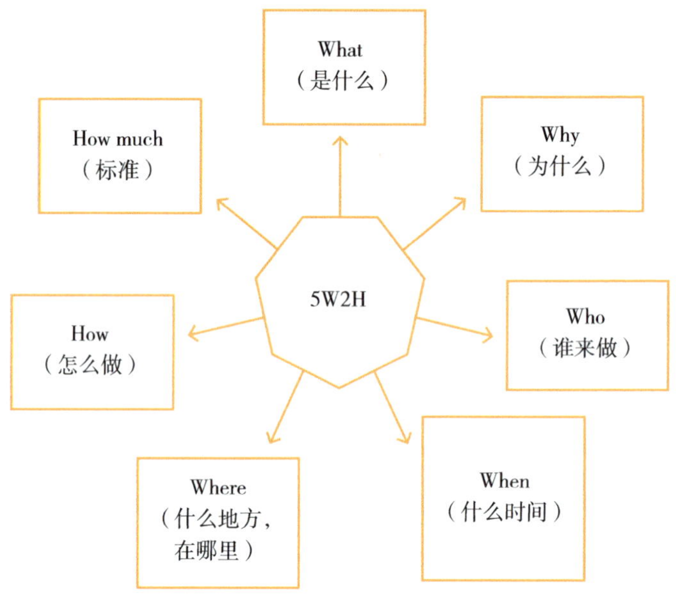

图 3-24　5W2H 结构的具体内容

实际上，我们并不需要将所有问题都描述出来，只描述读者或听众关心的主要问题即可。所以，在运用 5W2H 结构描述问题的时候，我们可以选择性地回答其中的问题。

在 5W2H 中，比较常用的是 What（是什么）、Why（为什么）、How（怎么做）这 3 个核心问题，它们能够清晰地描述解决问题的方案。

下面我们针对上述案例中的这 3 个核心问题搭建金字塔结构。

首先，我们先搭建“取消人力资源部门”的问题结构，如图 3-25 所示。

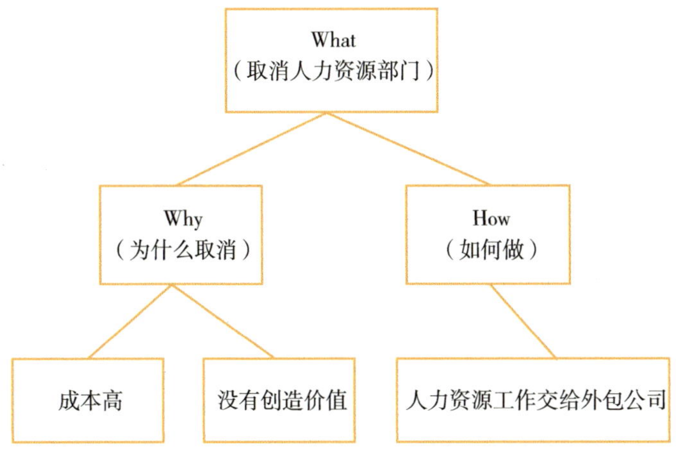

图 3-25　取消人力资源部门的 5W2H 结构

同样，我们也可以使用同样的方法搭建“不取消人力资源部门”的问题结构，如图 3-26 所示。

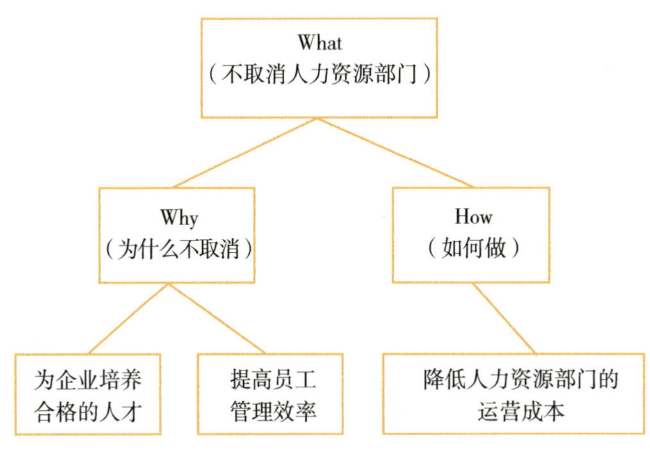

图 3-26　不取消人力资源部门的 5W2H 结构

可见，无论做出何种决策，只要运用 5W2H 结构都能清楚地描述问题，帮助我们高效地找出解决问题的方案。

3.4.2 如何解决产品研发过程中的问题

当产品研发过程中遇到问题时，我们可以用本章学到的方法来解决问题。

某科技公司电子产品研发部门的工作流程如图 3-27 所示。

图 3-27 电子产品研发部门的工作流程

电子产品研发部门的预期目标是首发 3 个月的销量达到 300 万台，但实际上第一个月只售出 100 万台，预计后续消费者的热情会降低，销量估计很难提升。最终，3 个月的销量是 200 万台。导致差距产生的问题出在哪里？如何解决问题？

1. 界定问题

这一步要先设想问题产生于产品研发过程中的哪个环节，然后确定问题的现状，并提出适当的疑问，如图 3-28 所示。

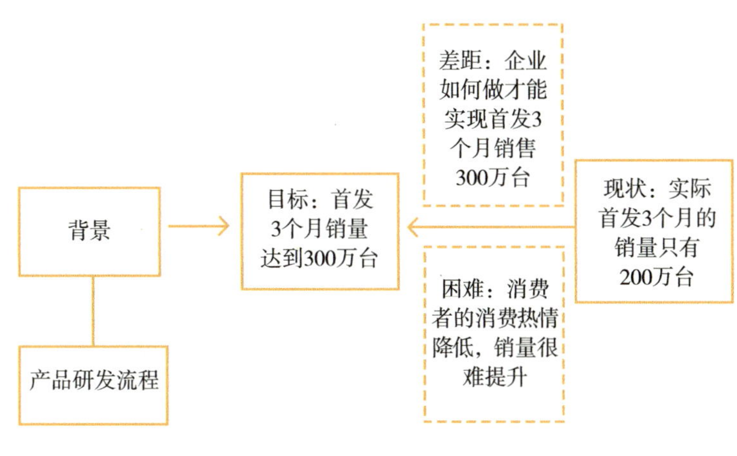

图 3-28　界定问题

2. 结构化分析问题

这一步要先划分问题结构，假设问题产生的可能原因，收集资料以证明或排除所做假设，利用鱼骨图确定问题的根本原因。

这里要注意的是，不同部门的结构或流程不同。即使同样是研发部门，产品不同其工作流程可能也会不同。例如，某电子产品研发部门的工作流程如图 3-27 所示，某软件研发部门的工作流程如图 3-29 所示。所以，划分问题结构需要根据自己公司的研发部门的结构或工作流程进行。

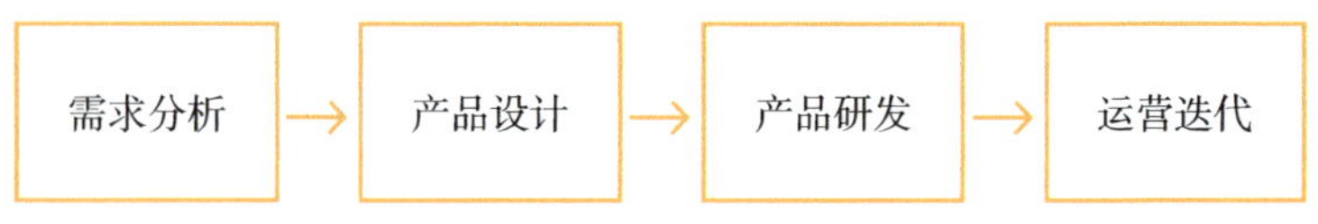

图 3-29　某软件研发部门的工作流程

这一步的最终结果是确定问题的根本原因。

3. 提出解决方案

我们可以参考图 3-18 建立逻辑树，提出解决研发中遇到的问题的备选方案；然后参考图 3-19，建立决策树，对方案进行分析论证并做出最终决策；最后参考图 3-23 搭建金字塔结构，传达解决方案。

3.4.3　如何在会议中提出自己的方案

我们可以运用金字塔结构在会议中提出自己的方案，如图 3-30 所示。

我们需要遵循金字塔原理中的结论先行，开门见山介绍自己的方案，然后再按照一定逻辑介绍论点及论点中的各个要点。

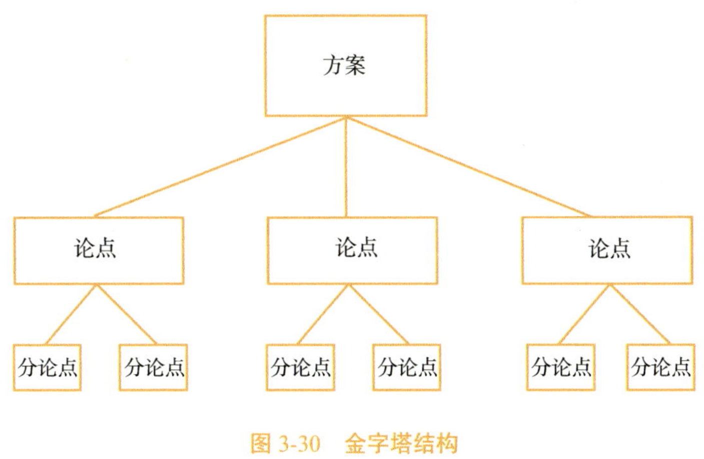

图 3-30　金字塔结构

在某公司销售部的新产品销售情况讨论会上，张立针对新产品销量不理想的情况提出了自己的方案："我的方案是针对新产品举办一次大型的线上线下联动促销活动。本次促销活动分为以下几个步骤。第一步，制定促销策略。首先，确定促销目标……其次，制订促销计划……最后，安排执行人员……第二步，发布促销活动消息……第三步，确定促销活动所需物料……"

新产品促销方案的金字塔结构如图 3-31 所示。

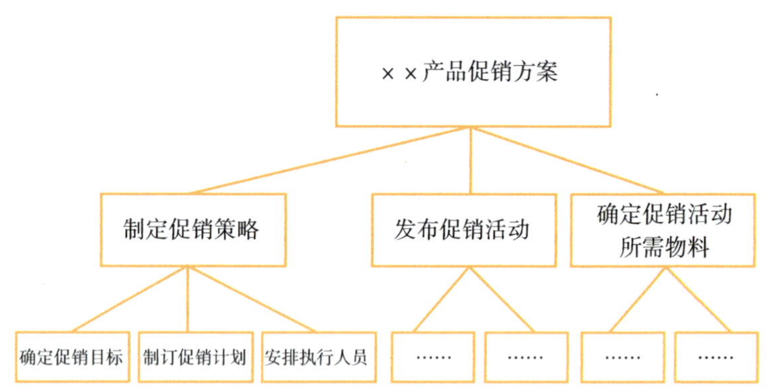

图 3-31　××产品促销方案金字塔结构图

在会议上提出自己的方案一定要做到方案内容翔实、结构完善、逻辑清晰，运用金字塔原理，搭建金字塔结构即可达到这样的效果，提升工作效率。

第 4 章

商业演示：如何应用金字塔原理进行视觉演示

在日常工作中，我们在汇报工作、提出自己的解决方案时都会用到视觉演示。常用的演示方式有 PPT 和短视频两种。借助 PPT 或短视频进行视觉演示，不仅可以吸引观众的注意力，激发他们的兴趣，还能够加深他们对内容的理解。但是，如果演示的内容混乱、逻辑不通、视觉效果差，那么不但无法吸引观众，还容易适得其反。为了避免出现这种情况，我们可以应用金字塔原理进行视觉演示，有条理、有逻辑地展示内容，帮助观众更好地理解、接受我们所传达的内容。

4.1 PPT 幻灯片演示

PPT 幻灯片演示可以说是工作中最常用到的一种演示方式。虽然常用，但是仍然有不少人并没有掌握 PPT 的使用技巧和原则。有些人只是将 PPT 当成一页页播放文字的幻灯片，然后对照幻灯片逐字逐句地读给观众听。这样只能称为朗读，不能称为演示。所以，要想有条理、有逻辑地进行 PPT 幻灯片演示，掌握相应的技巧和原则尤为重要。

4.1.1　怎样才算是好的 PPT 幻灯片

在做任何一件事之前，我们必须清楚做好这件事的标准是什么。学习制作 PPT 幻灯片也是如此，我们必须先搞清楚什么才算是好的 PPT 幻灯片。

好的 PPT 幻灯片有以下 3 个特点，如图 4-1 所示。

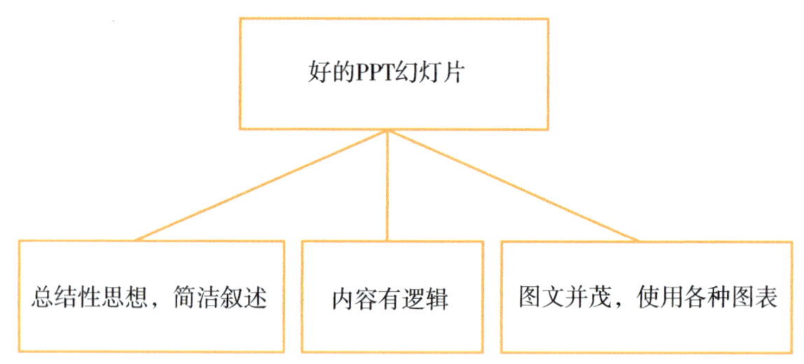

图 4-1　好的 PPT 幻灯片的 3 个特点

1. 总结性思想，简洁叙述

PPT 幻灯片的内容不是将自己写的文章原封不动地搬上去，而是经过提炼、分组和总结的思想，即观点、重点、核心要点。每页 PPT 幻灯片最好只传达一个核心观点，并且通过简洁的标题和断句表达出来，这样更便于观众理解。

在 PPT 幻灯片中一定要强调观点，而不是单纯地罗列事实。因为相比较大家都知道的事实来说，观众更关注演示者想要表达什么观点。

2. 内容有逻辑

PPT 幻灯片内容的逻辑同样要遵循金字塔原理，要做到逻辑清晰，主次分明。这样的 PPT 幻灯片才能有条理、有逻辑地传达观点，才算得上好的 PPT 幻灯片。相反，没有逻辑的 PPT 幻灯片，即便图表多，视觉体验好，也只会令观众感到迷惑。

3. 图文并茂，使用各种图表

之所以用 PPT 幻灯片进行演示，主要还是为了提升观众的视觉体验，从而提升传达效果。相比较来说，图表和文字相结合的内容比单一文字内容的吸引力更大，而且很多内容用文字并不好描述，但是用图表却能清晰地传达我们要表达的意思。所以，在 PPT 演示中能用图表表达的地方要尽量使用图表。比较理想的状态是，图表占比 90%，文字占比 10%。

我们在使用图表的时候一定要注意：**图表一定要能够有效支持核心观点，不能纯粹为了美观而作图。**

总结来说，好的 PPT 幻灯片只包含主要观点、重点和核心要点，叙述时应尽量简洁，同时要做到图文并茂，且要确保内容有逻辑。

4.1.2　如何设计文字 PPT 幻灯片

好的 PPT 幻灯片要做到图文并茂，这就要求我们必须掌握设计文字 PPT 和图表 PPT 的技巧。我们先来看看如何设计文字 PPT 幻灯片。

文字 PPT 幻灯片的设计方式要根据传达的实际内容而定，下面主要介绍文字 PPT 幻灯片的设计要点和注意事项。

在设计文字 PPT 幻灯片时我们要明确一个要点：

在整个演示过程中，PPT 幻灯片只是视觉上的辅助手段，是

为了让演示更加生动，让内容更加吸引观众。整个演示过程的主角应该是演示者。

这一点决定了我们要表达的内容与 PPT 幻灯片上的文字内容会存在一定的差异。

例如，某讲稿的内容如下。

> **销售部门现状**
>
> 8 月的销量直线下滑。如果不加强营销力度，下个月的销量将会持续下滑。
>
> 产品质量出现问题是导致产品销量直线下滑的关键原因。
>
> 供应链不完善，供应商供货不及时，无法按照预期时间将产品销售给客户，导致客户投诉。
>
> 销售员抱怨绩效工资低，出现消极怠工的情况，在客户咨询产品的时候没有及时回复，降低了客户消费意愿。

PPT 幻灯片应对这个讲稿进行简洁的阐述，具体如下。

> **销售部门现状**
>
> 8 月业绩直线下滑
>
> - 产品质量存在问题
> - 供应链不完善
> - 销售员消极怠工

通过对比可以发现，我们实际要表述的内容与 PPT 幻灯片上的文字内容有明显的区别。PPT 幻灯片只需要展示重点、核心内容，不需要有过多的介绍性、描述性语言。设计文字 PPT 幻灯片时应注意以下 5 点，如图 4-2 所示。

图 4-2　如何设计文字 PPT 幻灯片

1. 每页 PPT 幻灯片只说明一个观点

PPT 幻灯片演示的内容要遵循金字塔原理的逻辑，即每页 PPT 幻灯片只说明一个观点。我们也可以在一页 PPT 幻灯片上列出所有观点，然后再一一展开介绍。实际上，这种 PPT 幻灯片表达的也是一个观点——目录。

同时我们还要注意，整组 PPT 幻灯片只表达一个中心思想。例如，整组 PPT 幻灯片是围绕销售部门业绩展开的，那么就不能出现与产品部门或其他部门相关的思想。这一点遵循了金字塔原理中“一篇文章有且仅有一个中心思想”的原则。

2. 用完整的陈述句描述论点

描述论点应使用完整的陈述句，因为陈述句更能够让观众理解我们要表达的内容。

例如，“产品质量存在问题”与“产品质量”，很明显前面一种说法不会让观众误解我们想要表达的意思。

3. 文字要尽量简洁

PPT 幻灯片中切忌用长句，也就是说能用短句表达的一定不要用长句，因为长句很容易造成阅读障碍，影响视觉体验。同时要注意的是，每页 PPT 幻灯片最好不要超过 6 行字，总字数 30 ~ 50 个为佳。如果一页幻灯片无法完整表达该观点，那么可以使用多页幻灯片。

使用数字时同样要求简洁，例如，“50 万”就比“500 000”更容易让观众理解和记忆。一般情况下，计数单位为万及以上就可以用单位“万”表述，不必列出具体数字，计数单位为千及以下可以用完整数字表示。

4. 字号要适当

PPT 幻灯片上文字的字号应比我们平时书写文章时用的字号大一些。字号的大小并没有明确的标准，通常将字号设置为以下标准视觉效果较好。

> 一级标题字号可以设置为 20pt（pt 是一个标准的长度单位，1pt = 1/72 英寸[①]，用于印刷业）或者 24pt，加粗设置。
>
> 二级标题字号可以设置为 18pt，加粗设置。
>
> 正文字号可以设置为 16pt，重点内容加粗设置。

具体字号的大小应根据演示的实际情况而定。例如，演示对象为年长的人，那么字号就要稍微大一些；再例如，在可以容纳千人的空间进行演示时，字号一定要确保让观众都能看清。

5. 注重趣味性

文字内容很容易令观众感到乏味，因此在设计文字 PPT 幻灯片时要注重趣味性。我们可以通过改变字号、颜色、下划线、加粗、底纹等方式让文字内容更加生动、有趣。例如，图 4-3 中的 PPT 幻灯片就是通过加大加粗字号、改变字体颜色、设计字体样式等方式让文字内容更加生动、有趣。

总之，设计文字幻灯片一定要尽可能做到简洁、生动，避免大量文字堆积影响观众的视觉体验，降低演示效果。

① 1 英寸 = 0.0254 米，余同。

图 4-3　PPT 幻灯片示例

4.1.3　如何设计图表 PPT 幻灯片

图表是 PPT 幻灯片演示的优势所在。有些内容无法用文字解释清楚，但是用图表却可以直观地说明。因此，我们还需要掌握图表 PPT 幻灯片的设计技巧。

在设计图表 PPT 幻灯片时要注意：图表形式要尽可能简单，传达的信息一定要明确易懂。

如果图表过于复杂，那么演示者可能要花费很多时间解释图表，这样用来传达核心内容的时间就减少了。这就违背了我们用图表传达信息的初衷。明确了这个要点后，我们再来了解在 PPT 幻灯片中常用的图表有哪些。

PPT 幻灯片中常用的图表有条形图、柱状图、曲线图、散点图和饼状图。

（1）**条形图**：用宽度相同的条形的高度或长短来表示数据多少的图形，主要用于显示各个项目之间比较的情况，如图 4-4 所示。

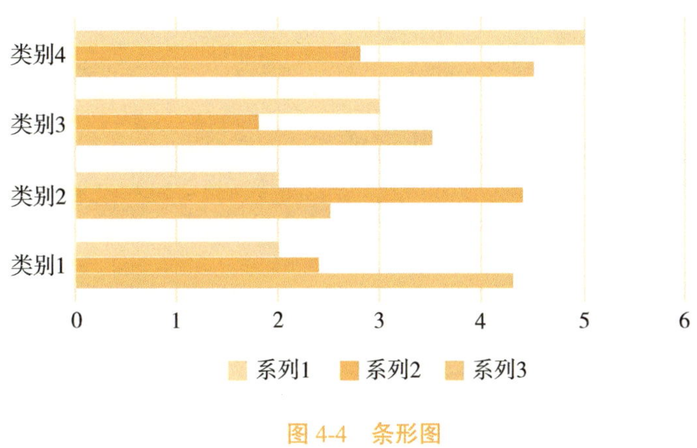

图 4-4　条形图

（2）**柱状图**：又称长条图、柱状统计图，是一种以长方形的长度为变量的统计图表，适用于各个项目之间的比较，也适用于表达时间序列对比关系，如图 4-5 所示。

（3）**曲线图**：主要用于技术分析。这种图形清楚地记录数值随时间变动而变化，以点标示数值的变化，并连点成线，如图 4-6 所示。

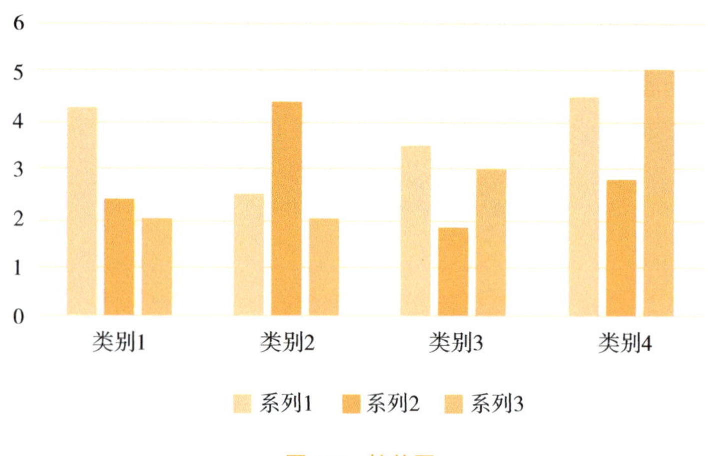

图 4-5　柱状图

图 4-6　曲线图

（4）**散点图**：在回归分析中，数据点在直角坐标系平面上的分布图。散点图通常用于表示相关性、相对关系，表明两个对象之间是否符合某种模式，如图 4-7 所示。

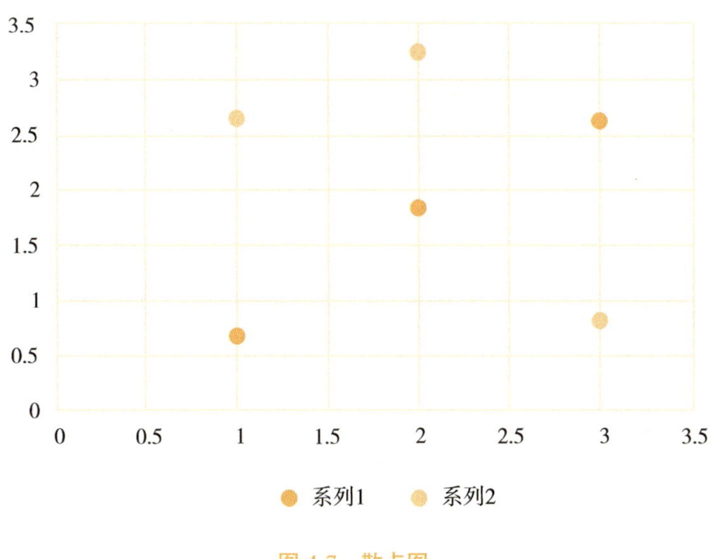

图 4-7　散点图

（5）**饼状图**：显示一个数据系列中各项大小与各项总和的比例，常用来表达对比关系，能够清晰地呈现各部分占总体的百分比，如图 4-8 所示。

图表的本质其实是回答问题。在设计 PPT 幻灯片中的图表时，我们通常要回答以下几类问题。

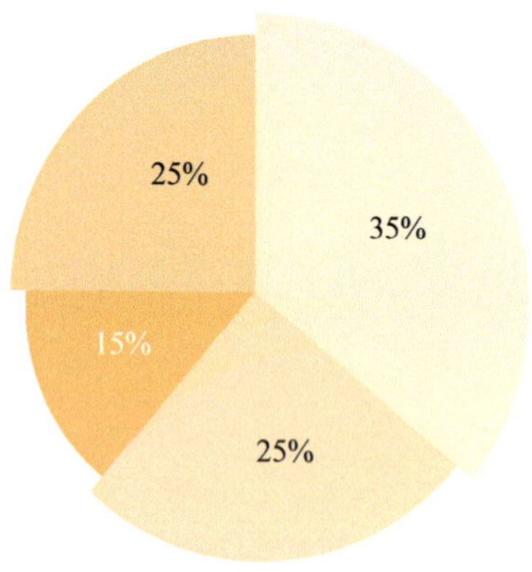

图 4-8　饼状图

①由哪些部分组成？

②各项如何分布？

③各项目之间有何相关性？

④有何变化？是如何变化的？

⑤数量如何比较？（相互比较、与总数比较、随时间变化）

第一类：由哪些部分组成？

在实际工作中，这类问题一般用来分析组织结构、工作流程、管理流程等，如图 4-9 所示。

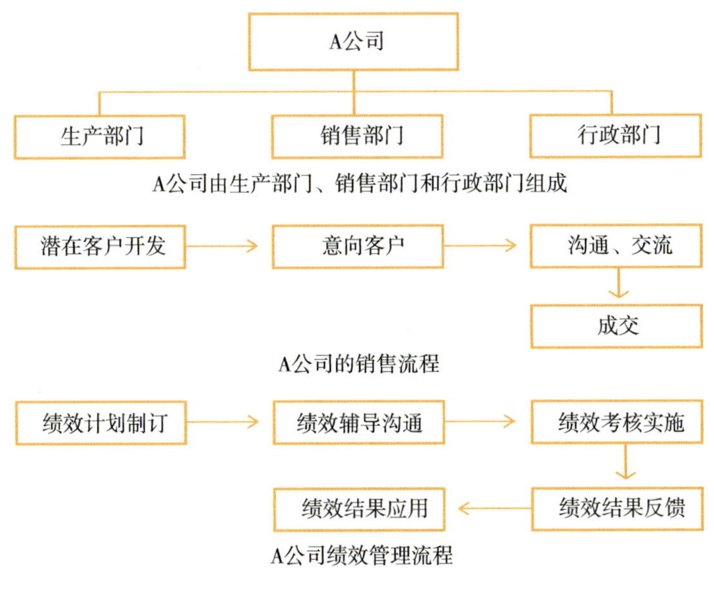

图 4-9　项目的组成部分

第二类：各项如何分布？

在实际工作中，这类问题一般用来分析产品销售情况、员工工作状态等，如图 4-10 所示。

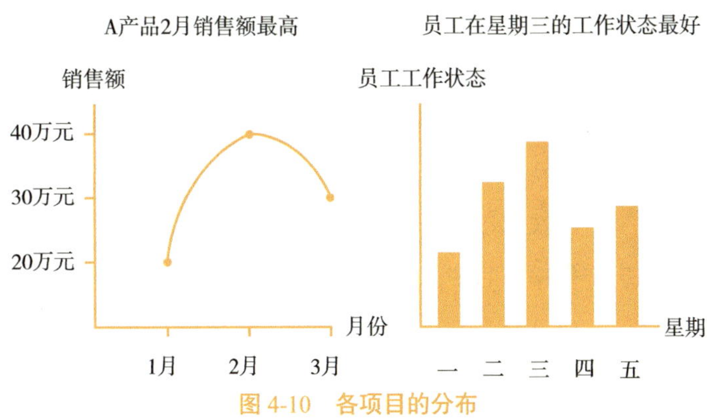

图 4-10　各项目的分布

第三类：各项目之间有何相关性？

在实际工作中，这类问题一般用来分析销售收入与广告费用之间的关系、加班时间与费用之间的关系等，如图 4-11 所示。

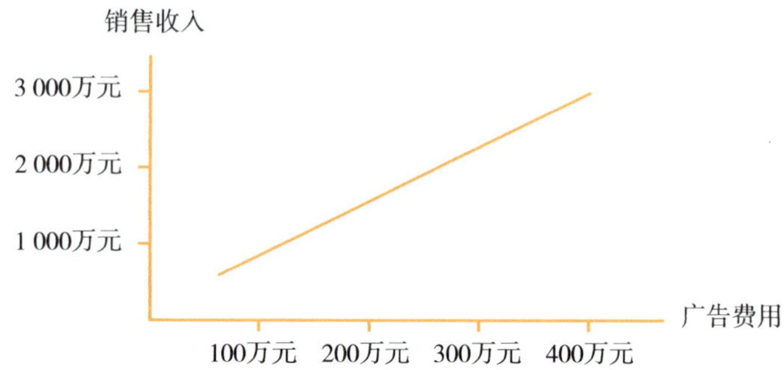

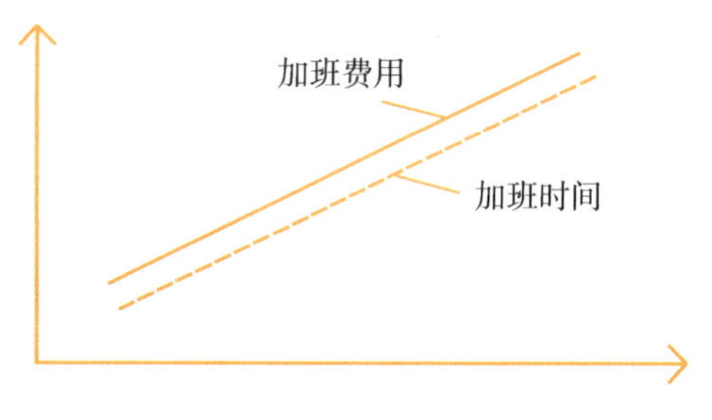

图 4-11　各项目之间的相关性

第四类：有何变化？是如何变化的？

在实际工作中，这类问题一般用来分析随着时间的变化事物发生的变化，如图 4-12 所示。

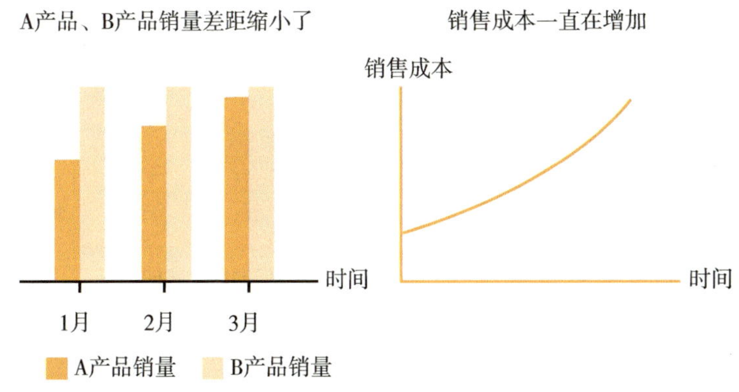

图 4-12　各项目的变化

第五类：数量如何比较？

在实际工作中，这类问题一般用来分析相互比较、随时间变化的比较、与总数比较等，如图 4-13 所示。

综上所述，制作图表 PPT 幻灯片的秘诀就是先确定想用图表回答哪一类问题，然后把答案作为图表的标题，选择合适的图表表达论点。

我们在设计图表 PPT 幻灯片的时候一定不能忽视标题，且标题要传达要点，最好使用描述性词汇完整表达。例如，“销售额每年都在增长”就比“销售额”传达的信息要完整。这样才能避免观众对图表有不同的理解，才能确保图表给观众留下的视觉印象与我们要表达的信息一致。

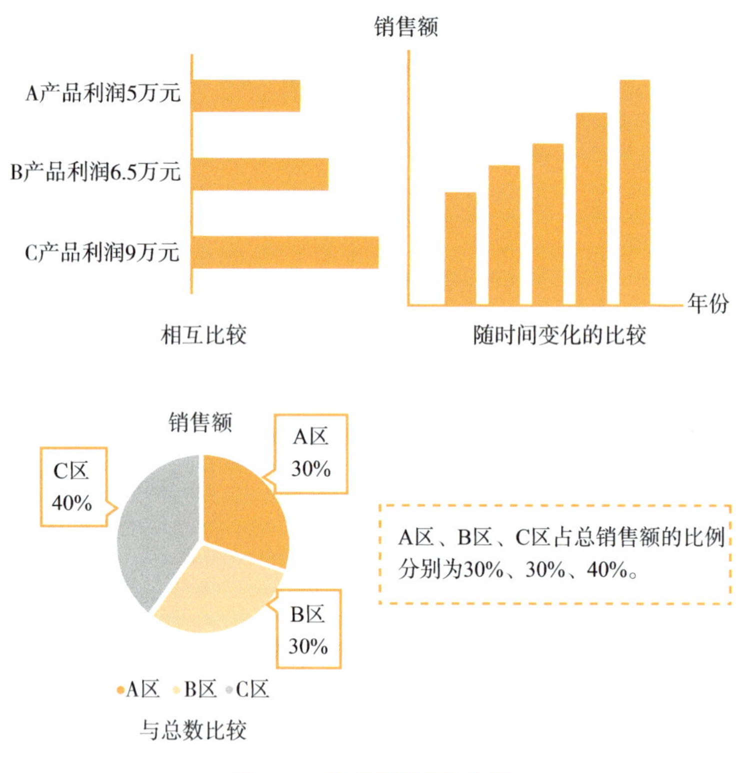

图 4-13 各项目数量的比较

4.1.4 如何演示 PPT 幻灯片

掌握了文字 PPT 幻灯片和图表 PPT 幻灯片的制作技巧后，我们就可以制作一页页完善、精美的 PPT 幻灯片了。制作完成后，下一步要做的就是演示幻灯片。

演示幻灯片是指将制作好的一页页 PPT 幻灯片按照一定的逻辑进行排列，这个顺序就是演示者在讲解过程中 PPT 幻灯片的播放顺序。然后，我们还要对每一页 PPT 幻灯片播放时的动作、音效等细节进行设置。

其中，PPT 幻灯片播放顺序的排列最为重要，对演示效果影响也最为直接、深刻。这里我们建议使用金字塔结构对所有 PPT 幻灯片的内容进行归类分组，概括总结，然后按照自上而下的顺序排列。最终呈现的效果如图 4-14 所示。

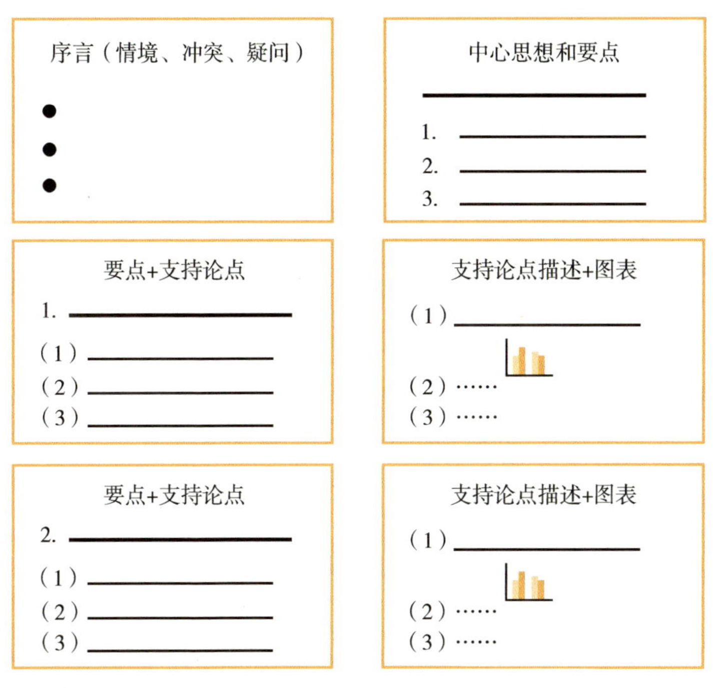

图 4-14　PPT 幻灯片演示的金字塔结构

从图 4-14 中我们可以看出，金字塔结构不但可以让 PPT 幻灯片逻辑清晰地进行播放，还有助于我们检查之前制作的 PPT 幻灯片是否合理、完善，更有助于我们按照这个金字塔结构进行讲解，精准、清晰地传达自己的观点。

需要注意的是，PPT 幻灯片只是一个视觉辅助手段，演示效果的好坏主要取决于演示者对 PPT 幻灯片中内容的熟悉程度，以及对整个讲稿的熟悉程度。因此，PPT 幻灯片制作好后，演示者要多花一些时间熟悉内容，并不断演练，直到将所有内容熟记于心。

4.2 短视频演示

除了 PPT 幻灯片，短视频也是日常工作中较常用到的，而且比较受新时代人们喜爱的一种演示方式。相对于 PPT 幻灯片来说，短视频演示比较复杂。这也是一部分人想用短视频的方式进行演示，但是又不敢尝试的主要原因之一。其实，当我们掌握了金字塔原理后，就会发现短视频演示并不难。

4.2.1 短视频脚本的金字塔结构

用短视频演示的第一步是撰写短视频脚本。短视频脚本是指用书稿的方式呈现短视频主要内容的一个框架底本，是短视频拍摄和剪辑的依据，能够确保短视频按照我们预想的方向，有序地呈现出来。

短视频的内容形式有很多种，如搞笑类短视频、剧情类短视频、产品推广类短视频……无论哪一种形式，都可以用金字塔结构来撰写脚本。

短视频脚本通常包含以下 6 个内容，如图 4-15 所示。

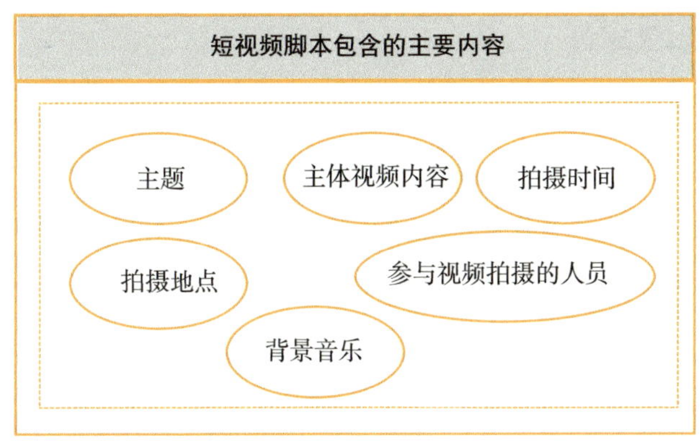

图 4-15　短视频脚本包含的主要内容

1. 主题

主题也可以称为短视频的中心思想。在拍摄短视频之前就必须确定主题，如主题为新产品发布。

2. 主体视频内容

主体视频内容是短视频的核心，包含的要素有镜头、景别、具体内容、台词、时长、运镜、道具等。由于本书主要介绍的是应用金字塔结构写短视频脚本，所以不对细致的内容和专业的词汇进行分析。

3. 拍摄时间

短视频拍摄之前要确定拍摄的日期及具体的时间段。确定拍摄时间有两个目的：一是提前和摄影师沟通，避免时间冲突，影响拍摄进度；二是可以根据具体时间安排好相关工作，确保拍摄工作可以顺利展开。

4. 拍摄地点

拍摄地点主要包括地理位置和环境。拍摄地点非常重要，选择合适的地点更能够突出短视频的内容。例如，介绍厨具应当在厨房拍摄，拍摄服装可以选择有风格的街景。总之，一定要根据短视频内容提前确认好拍摄地点。

5. 参与视频拍摄的人员

参与视频拍摄的人员主要包括出镜人员、摄影师、助理等。短视频拍摄工作涉及的内容比较多，因此需要提前确认参与拍摄的人员，并确定各自的分工，确保拍摄工作可以有序地展开。

6. 背景音乐

合适的背景音乐可以渲染气氛，烘托主题，因此要提前根据拍摄主题和内容，选择合适的背景音乐。

明确了脚本的内容后，我们就可以搭建金字塔结构了，如图4-16所示。

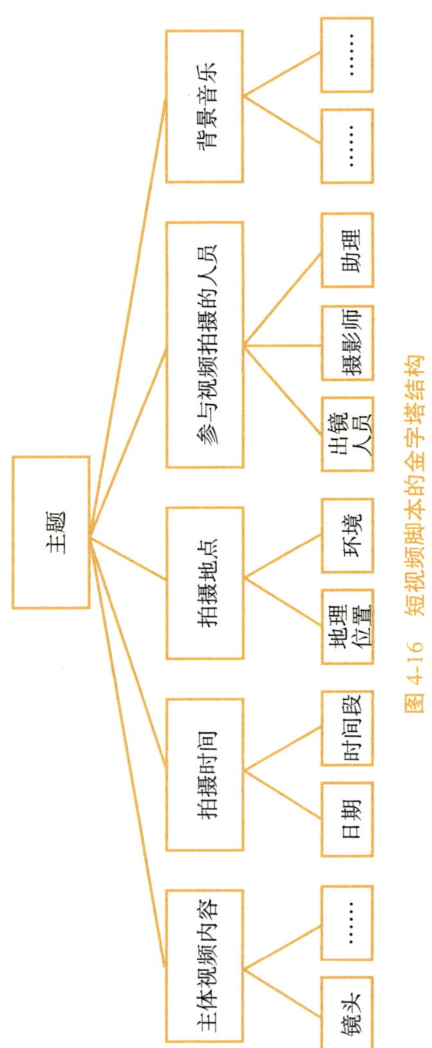

图 4-16　短视频脚本的金字塔结构

图 4-16 是短视频的整体脚本，如果短视频的内容是展示某款产品或者短视频中有需要突出强调的事物，我们还需要撰写单品的脚本。以展示某款产品的短视频为例，我们在撰写单品脚本时可以构建一个简单的金字塔结构，先介绍产品有哪些性能，然后介绍每一种性能的具体功效，如图 4-17 所示。

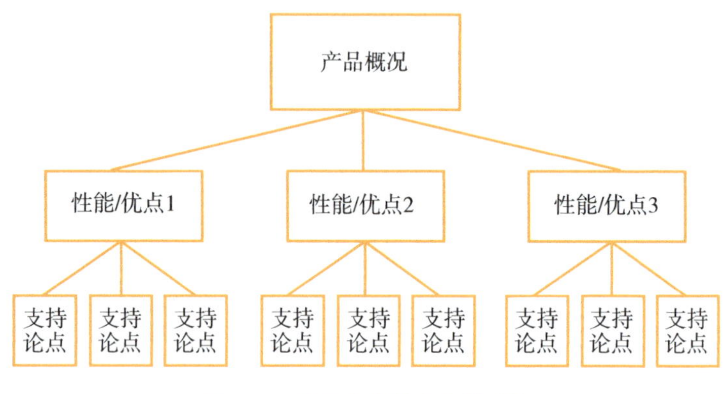

图 4-17　单品脚本的金字塔结构

无论是整体脚本还是单品脚本都可以搭建金字塔结构，然后采用自上而下的顺序撰写。

4.2.2　如何设计短视频的开场

短视频的开场非常重要，决定了我们能不能将观众留住，令其继续观看视频后面的内容。所以，我们在设计短视频的时候一定要重视开场的设计。金字塔原理中的序言结构就非常适合用于短视频的开场，它能够起到吸引观众、留下观众的作用。具体来说，短视频开场可以应用序言结构的 SCQA 模型进行设计。

假设某品牌洗面奶的产品推广短视频需要设计开场，我们可以运用 SCQA 模型来设计，具体内容如下。

Situation（**情境**）：敏感肌人群在选择洗面奶的时候会非常谨慎，因为不合适的洗面奶很容易导致肌肤过敏，出现泛红、起红疹的情况。

Conflict（**冲突**）：这主要是因为一些洗面奶中含有一些刺激性的化学成分……

Question（**疑问**）：那么，敏感肌人群要选择什么样的洗面奶呢？

Answer（**解决方案**）：××牌洗面奶，专门针对敏感脆弱肌肤设计，不含皂基，使用肌源氨基酸，天然温和，敏感肌可以放心使用。

通过“情境–冲突–疑问–解决方案”这种结构，可以引导观众按照我们的思路思考，然后自然而然地引出答案——短视频的核心思想。这个时候，观众已经对答案很感兴趣了，他们想进一步了解答案，那么他们就会继续观看下去。这就说明该短视频的开场非常成功，有利于接下来的演示工作。

虽然，短视频的开场可以采用“情境–冲突–疑问–解决方案”这样的结构，但是这个结构并不是固定的，我们可以根据自己要突出的内容对结构中 4 个要素表达的先后顺序进行调整。这部分内容将在第 5 章第 4 节中做进一步的介绍。

4.2.3 如何设计短视频的情节

情节是叙事性文学作品内容构成的要素之一，它是指叙事作品中表现人物之间相互关系的一系列生活事件的发展过程，由一系列展示人物性格、表现人物与人物、人物与环境之间相互关系的具体事件构成。短视频的篇幅较小，情节通常不会太复杂，所以设计短视频的情节比较容易。

设计短视频的情节同样要遵循金字塔原理，且通常是按照归纳逻辑中的时间顺序展开。我们可以据此搭建金字塔结构，如图 4-18 所示。

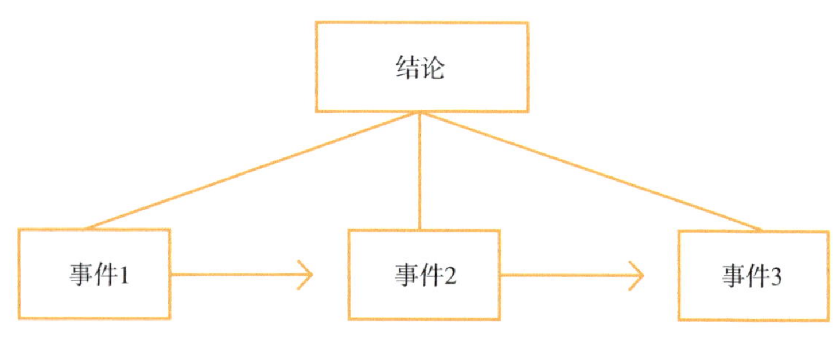

图 4-18　短视频情节的金字塔结构

假设我们要为某剪辑软件设计一个用于宣传推广的短视频情节。我们同样可以用金字塔结构设计。首先呈现使用某剪辑软件的效果，然后按照时间顺序展开描述是如何取得这样的结果的，过程中经历了哪些事情，如图 4-19 所示。

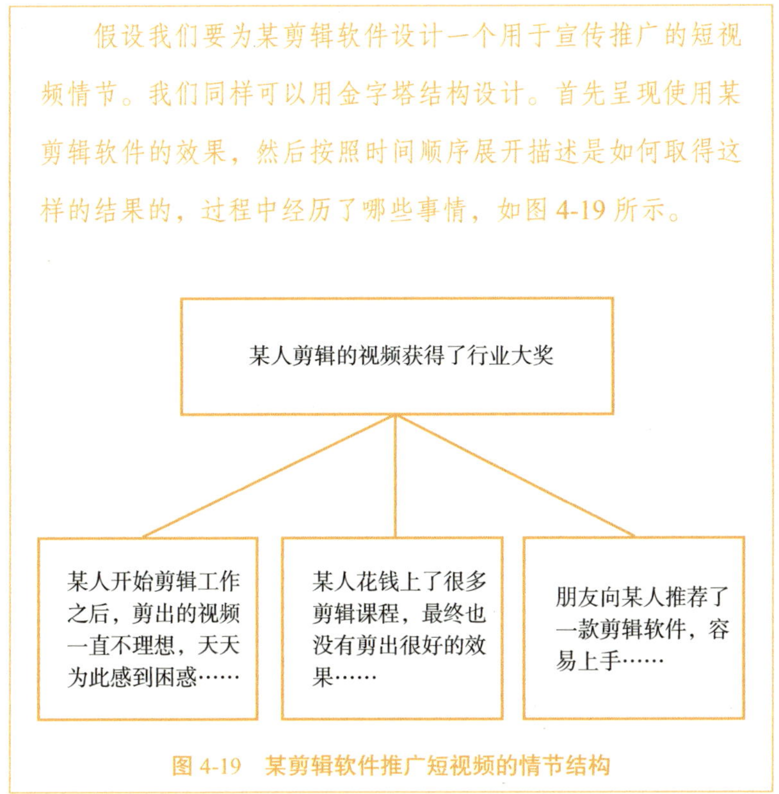

图 4-19　某剪辑软件推广短视频的情节结构

故事刚开始就直接向观众呈现一个结果——某人剪辑的视频获得了行业大奖。当观众知道这个结果的时候，他们便会对某人是如何剪辑出这样优质的视频提出疑问，接下来就可以按时间顺序交代某人和他剪辑的优质视频与该剪辑软件之间发生的事情，这就是一个比较完整的、能够吸引观众的情节。

总结来说，设计短视频的情节时，要先交代故事的最终结果，然后按照时间顺序交代产生结果的过程中的具体事件。这也遵循了金字塔原理一直强调的“结论先行”原则。

4.2.4 如何设计短视频的标题

短视频标题一定要做到主题突出，让观众一眼就知道你的短视频要表达的关键内容，这样才能吸引他们观看下去。

在设计短视频的标题时，我们应当遵循金字塔原理中的以下 3 个原则，如图 4-20 所示。

图 4-20 设计短视频标题应遵循的原则

1. 标题要突出短视频的中心思想，且只能有一个中心思想

为了吸引观众的注意，标题要突出短视频的中心思想，且只能有一个中心思想。

例如，某品牌洗面奶宣传短视频的标题为：

“某某氨基酸洗面奶，敏感肌女孩的选择！”

这句话就直接突出了短视频的中心思想“敏感肌女孩应该使

用氨基酸洗面奶”，且只突出了一个中心思想。对于敏感肌女孩来说，她们很可能产生兴趣并继续观看视频。

如果标题为：

“正确洗脸才能给自己带来好肌肤，勤锻炼才能给自己带来好身材。”

这个标题的中心思想不突出，而且表达了两个中心思想，很难让观众一眼看出短视频要表达的内容是洗面奶，无法吸引目标客户。

所以，为了吸引观众观看短视频，标题一定要突出短视频的核心思想，且只表达一个中心思想。

2. 标题用词应提炼思想的精髓

标题的作用是提示，而不是要完整地表达文章中的内容，所以标题要尽量简明扼要。

例如，洗面奶的短视频标题为：

“选择一款好的洗面奶很重要，否则会导致皮肤泛红、起红疹，严重的时候可能导致肌肤溃烂，这是很可怕的一件事，某某洗面奶……”

这种标题就过于累赘，观众可能要花几分钟阅读的理解标题。大多数人在这个时候会选择放弃。所以，我们在为短视频拟标题的时候，一定要根据短视频的中心思想、核心内容提炼精髓，尽量用一句话进行表达。

3. 标题用词应规范

俗话说“题好文一半”，意思是好的标题是文章、短视频成功的一半，甚至高过一半。因为标题是否吸引人决定了文章、短视频的点击率，决定了内容传达的范围。正因如此，不少人为了能够吸引观众点击短视频，会在标题上下功夫。认真研究标题，拟一个吸引观众的标题是非常值得肯定的想法。但是，有些人为了吸引观众，会在标题上使用夸张的词汇，或者自己杜撰的消息，或是标题与正文内容严重不符。这种做法显然是不正确的，只会消耗观众的信任，即便观众点进去观看了，他们也只会失望地退出。此后，便不会再关注你推送的短视频。

所以，在设计短视频的标题时一定要使用规范的词汇，要传达已经被证实的消息。规范用词没有一个十分明确的概念，大多数短视频平台的平台运营规范内容中会明确规定哪些词汇不能使用，我们可以参考这些标准规范自己的用词。此外，有些专业领域会有明文规定或约定俗成的规定，明确指出一些词汇不能使用，我们也可以通过查看相关资料，了解这些领域的用词规范。总之，一定要避免使用过于负面、消极、夸大其词的词语或表达方式。

设计短视频标题并没有一个固定的模式，可以在遵循以上几个原则的基础上，根据实际情况设计出有趣且能够吸引观众的标题。

4.3 案例演练

本节列举了几个需要用到 PPT 幻灯片演示和短视频演示的工作情景，我们可以结合所学知识，进行实战演练。

4.3.1　如何制作新产品推广的 PPT 幻灯片

> 某品牌为了抢占更多市场，领导要求市场营销部主管策划新产品推广方案。

策划新产品推广方案之前，市场营销部主管要收集新产品的研发背景、推广主题、推广计划等信息和资料，然后按照金字塔原理梳理信息，搭建金字塔结构，如图 4-21 所示。

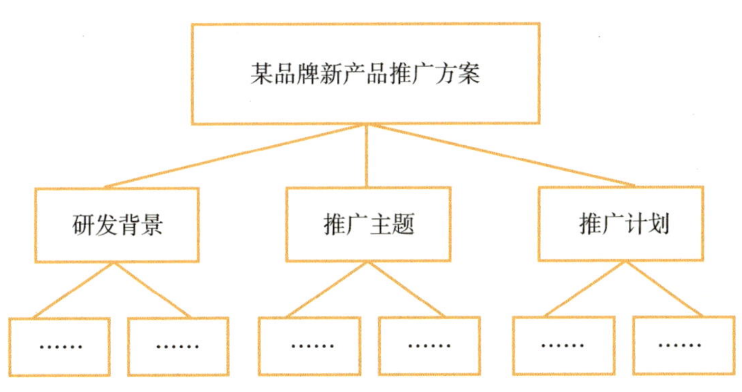

图 4-21　新产品推广方案

制作 PPT 幻灯片可以按照金字塔结构自上而下地表达，具体内容如图 4-22 所示。

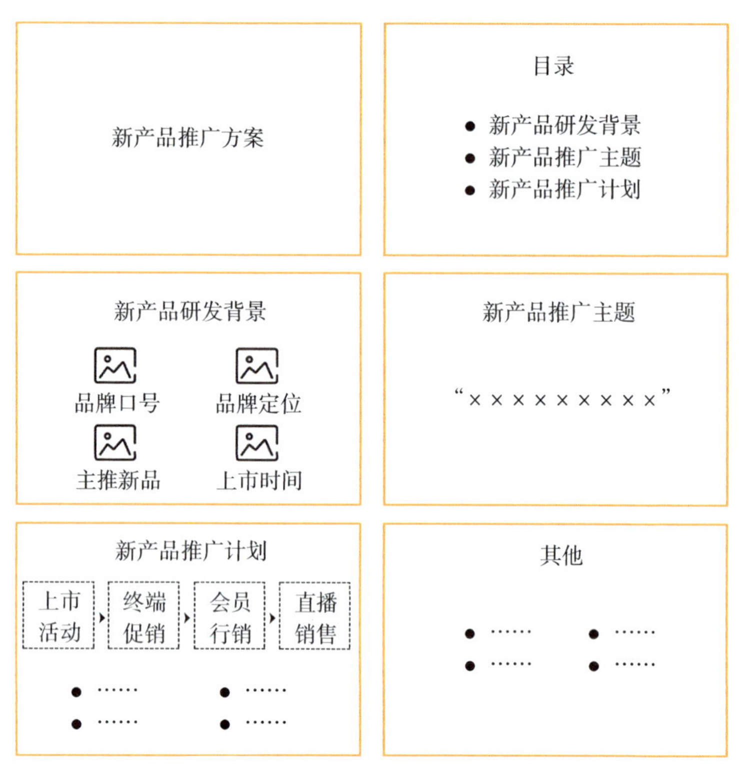

图 4-22　新产品推广的 PPT 幻灯片

上述 PPT 幻灯片只是根据金字塔结构呈现了一个大致的内容框架，在实际工作中制作新产品推广 PPT 时，我们应结合公司和产品的实际情况进一步细化内容，并在合适的地方添加图表支持观点，这样才能进一步提升 PPT 演示的质量。

新产品推广方案通常是在会议上演示给领导和同事观看的，一方面是为了清楚传递演示者制作方案的核心理念，另一方面也希望可以得到有效反馈，进一步改进方案。因此，在制作新产品方案的 PPT 时一定要认真、严谨，确保没有错误的内容，且一定要做到结构完善、逻辑清晰，便于领导、同事理解和记忆。此外，演示过程中可以结合实际情况补充 PPT 中没有提到的内容，也可以邀请在座人员提供意见，这样可以使整个演示更加完善，也可以帮助自己进一步优化方案。

4.3.2　如何制作工作汇报的 PPT 幻灯片

某护肤品领导要求每家门店的店长每日对销售情况进行工作汇报。

某门店店长在当日的工作完全结束后，要收集、整理当天该店的销售情况，通常按照产品的类别进行每日销售汇报，当然，具体如何汇报需要根据工作的具体内容和性质而定。店长可以根据收集的信息搭建金字塔结构，如图 4-23 所示。

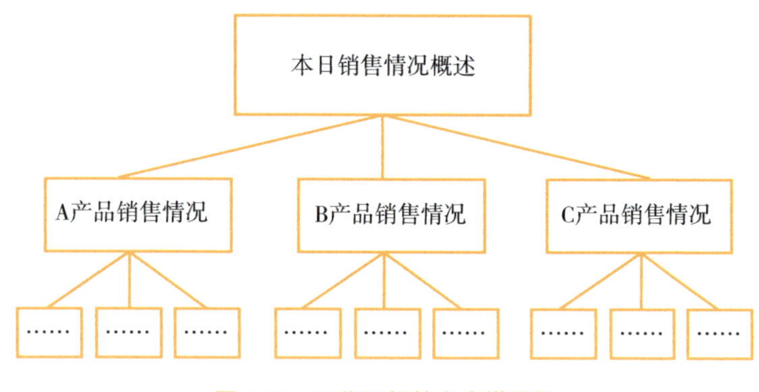

图 4-23　工作汇报的金字塔结构

制作 PPT 幻灯片可以按照金字塔结构自上而下地表达，具体内容如图 4-24 所示。

在实际工作中，我们在制作工作汇报的 PPT 幻灯片时应结合实际情况进行阐述，主要应将工作中的重点内容、工作成绩等展示出来，并按照重要性程度进行 PPT 幻灯片演示汇报，涉及数据的地方要尽量用图表呈现，以提升演示效果。

总结来说，工作汇报是指员工向领导汇报工作内容，也就是说，工作汇报演示的对象是领导。因此，制作工作汇报 PPT 幻灯片时要从领导的角度出发，要采用重要性顺序汇报内容，先汇报领导最关心的内容，再汇报次要内容，最后汇报一般内容。这样的汇报逻辑才是清晰的，才能确保领导有兴趣看下去，能够切实看到你的工作成绩。

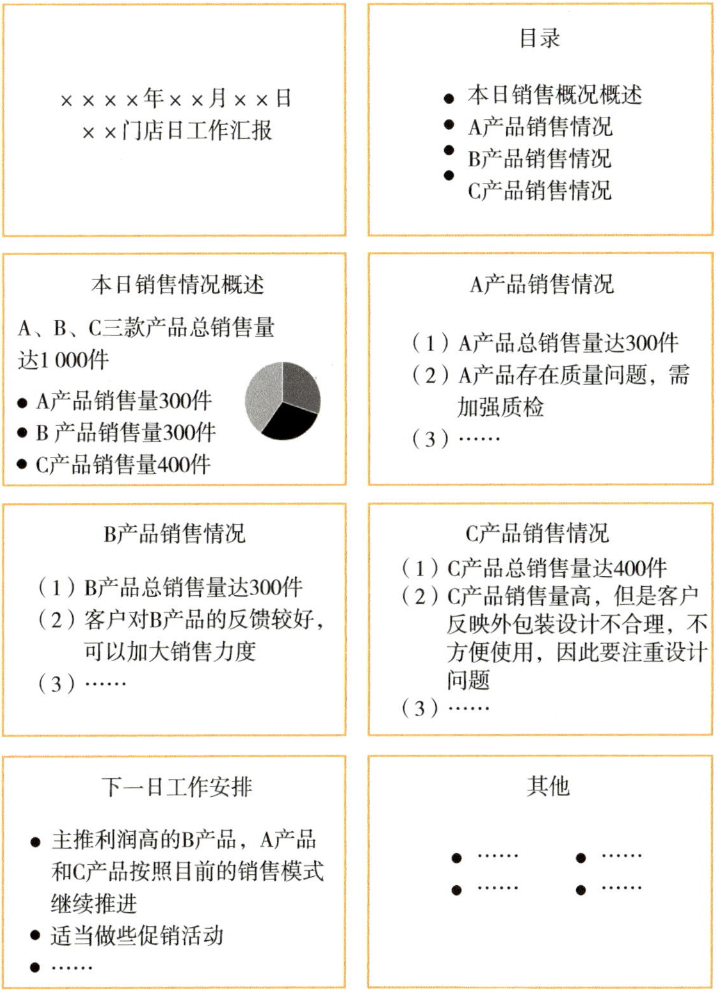

××××年××月××日
××门店日工作汇报

目录

- 本日销售概况概述
- A产品销售情况
- B产品销售情况
- C产品销售情况

本日销售情况概述

A、B、C三款产品总销售量达1 000件

- A产品销售量300件
- B 产品销售量300件
- C产品销售量400件

A产品销售情况

（1）A产品总销售量达300件
（2）A产品存在质量问题，需加强质检
（3）……

B产品销售情况

（1）B产品总销售量达300件
（2）客户对B产品的反馈较好，可以加大销售力度
（3）……

C产品销售情况

（1）C产品总销售量达400件
（2）C产品销售量高，但是客户反映外包装设计不合理，不方便使用，因此要注重设计问题
（3）……

下一日工作安排

- 主推利润高的B产品，A产品和C产品按照目前的销售模式继续推进
- 适当做些促销活动
- ……

其他

- ……
- ……
- ……
- ……

图 4-24　工作汇报的 PPT 幻灯片

4.3.3 如何制作年终工作总结 PPT 幻灯片

一年的工作进入尾声，销售部门领导要求每位员工提交一份年终工作总结，用 PPT 幻灯片的方式演示。

写年终工作总结之前，我们要梳理这一年做过的工作、取得的成绩及存在的问题，并且要给出解决问题的方案。收集到相关资料后，我们便可以根据金字塔原理梳理资料，搭建金字塔结构，如图 4-25 所示。

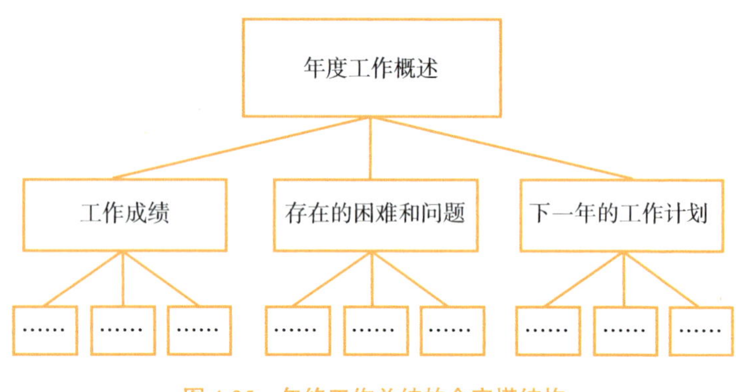

图 4-25　年终工作总结的金字塔结构

制作 PPT 幻灯片可以按照金字塔结构自上而下地表达，具体内容如图 4-26 所示。

××××年年终工作总结
××（员工姓名）

目录

- 年度工作概述
- 工作成绩
- 存在的问题和困难
- 下一年的工作计划

年度工作概述

- 上半年负责A项目，顺利完成
- 下半年负责B项目和C项目，B项目已顺利完成，C项目在进行中
- ……

工作成绩

- 个人销售额达50万元
- 拓展新客户达500人
- 总成交客户200人
- ……

存在的困难和问题

- 产品供应不及时，客户投诉率高
- 产品质量存在问题
- 售后服务效率差

下一步的工作计划

- 配合相关部门改进当前存在的问题
- 按照计划顺利完成C项目
- 个人销售额提升50%
- 拓展800位新客户

其他

- ……
- ……
- ……
- ……

图 4-26　年终工作总结的 PPT 幻灯片

在实际工作中，我们在制作年终工作总结的时候要根据实际情况概述，同样要尽可能用图表说明观点，让领导对你一年的工作内容一目了然。

年终工作总结 PPT 演示一般是在年终大会上演示给领导和部门同事观看的，他们重点关注的内容是这一年我们所做的工作及创造的业绩。所以，年终工作总结的 PPT 幻灯片应重点展示这两个方面的内容。并且，这两个方面的内容一定要基于事实阐述，不可杜撰，可以用数据证明成绩的一定要用数据说明，提高内容的真实性，同时也要交代自己存在的问题，以及下一步的工作计划，对新的一年展开期待，让大家看到我们积极的工作态度。这样才是一份完善且较为优秀的年终工作总结，可以让领导及同事看到我们的成绩并认可我们的工作成果。

4.3.4 如何创作品牌推广的短视频

市场营销部主管要求团队成员共同参与，创作一个品牌推广的短视频。

团队接到领导安排的工作任务后，首先要收集品牌的相关信息，然后撰写短视频的整体脚本，这里可以参考图 4-16。

撰写好短视频的整体脚本后，接下来我们要设计短视频的开场和情节。短视频的开场和情节可以搭建金字塔结构，自上而下地表达，如图 4-27 所示。

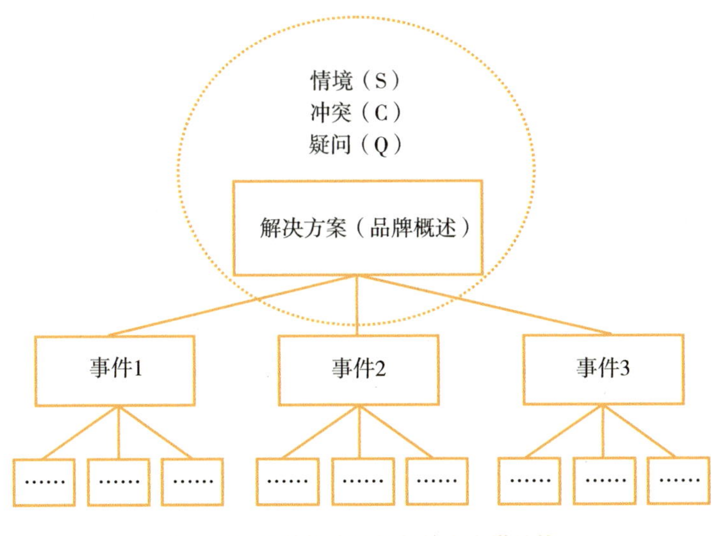

图 4-27　品牌推广短视频的金字塔结构

短视频的具体内容可以按照金字塔结构自上而下地表达。

1. 用 SCQA 模型介绍品牌

这里介绍的可以是品牌故事，也可以是品牌诞生过程中发生的趣事。

> 例如，某品牌创始人 ×××，有一个特点就是胡须长的速度很快，经常需要剃须。有一天，他为了将胡须刮干净，十分用力，不小心把下巴刮破了。这个时候他就想，如何才能将胡须剃干净，又能确保安全呢，于是某某品牌的剃须刀就诞生了。

2. 按照品牌的发展历程展开介绍

> 某某品牌的剃须刀诞生后，人们的剃须方式改变了。该品牌的剃须刀也备受大家的青睐。产品刚推出就被抢购一空。
>
> 随着人们生活水平的提升，人们希望剃须方式可以更加便捷。于是，我们对产品进行了优化，推出了更加智能的电动剃须刀。
>
> 在对市场进行考察后，我们发现女性也有剃须需求，于是，我们针对女性研发了一款剃须刀，也非常受女士欢迎。
>
> ……

按照品牌发展的历程有序地介绍，能够吸引观众不断往下看。总结来说，一段较为常规的品牌推广短视频，其主要内容包括介绍品牌故事，引出品牌，然后介绍品牌的发展历程。当然，不同品牌的特点不同，我们在设计品牌推广的短视频内容时不用拘泥于一种形式，可以在常规的方式上创新，加入品牌特色，这样才能更加吸引观众，打动观众。

第 5 章

高效写作：如何应用金字塔原理进行构思与写作

无论是生活中还是工作中，我们都需要写作，小到一张留言条，大到一份产品分析报告。简单的文章比较好写，一旦涉及比较复杂的文章，有些人便会陷入困境，不知道如何下笔。实际上，运用金字塔原理就可以帮助我们解决写作中经常遇到的困境，实现高效写作。

5.1　基于目标确定写作主题

无论写什么体裁的文章，第一步一定是确定写作主题。只有确定了写作主题，我们才能围绕主题展开写作，才能逻辑清晰地传达自己的想法、观点。

大多数时候，人们写文章都是出于某种目的，或希望达成什么样的目标。例如，通过文章向领导汇报当月的工作情况、制定某产品的营销方案、撰写新产品的宣传文案等。这个目标其实就是我们确定写作主题的基础。

5.1.1　为什么要写这篇文章

我们可以通过回答“为什么要写这篇文章”这个问题来确定我们的写作目标，从而确定写作主题。

关于“为什么要写这篇文章”的答案大体分为两个方向：一是我们想通过文章表达某种思想、观点；二是领导授意，即领导出于某种目的要求我们撰写一篇文章。

如果是我们想通过文章表达某种思想、观点，那么确定文章的写作目标就比较简单，我们可以通过自我提问、自我作答的方式来确定写作目标。

> 例如，“我想通过这篇文章让读者知道如何提升工作效率”“我想通过这篇文章让读者知道如何改进工作中遇到的问题”。

如果是领导授意，那么我们一定要明确领导的意图，搞清楚领导想通过这篇文章达成什么样的目标。工作中的写作大多数是领导授意，所以我们需要重点关注这部分内容。

为了确定写作目标，在领导授意时，我们要认真倾听领导表达的内容，尤其是重点和要点，并且要做好详细的记录。如果领导表达结束后，我们还没有理解领导的意图，那么一定要再次向领导确认，确保自己理解的意思与领导要表达的意思一致。此外，在确定写作目标时，我们除了要领会领导的意图，还要结合实际情况，这样才能更加全面、深入地传达领导想表达的意思。

为了让大家能更准确地理解领导的意图，确定写作目标，我们来看下面的案例。

> 某外卖公司的领导要求秘书张研撰写一份关于奖励外卖员李金的通告，通告中要明确李金所做的好人好事及受到的具体奖励，并且一定要号召其他人向他学习。
>
> 接到领导的任务后，张研对李金所做的好人好事进行了深入的了解，获得的详细信息如下。

> 外卖员李金，男。
>
> 在 ×××× 年 ×× 月 ×× 日送外卖途中，李金看到路边的一辆电动车着火，他立即靠边停车，将处于危险区域的人员撤回安全区。确保没有人员受伤后，李金立即拨打 119 报警。
>
> 经公司研究决定，对李金予以表扬并奖励人民币 5 000 元，以资鼓励。

基于领导的意图和以上的具体信息，张研撰写了一份通告。

> **×× 公司关于奖励公司员工李金的通报**
>
> 公司各部门及全体员工：
>
> 李金，男，外卖部员工，在 ×××× 年 ×× 月 ×× 日工作中，积极救助处于危险中的路人，此行为值得赞美。
>
> 鉴于李金的突出表现为团队其他成员树立了典范，对公司产生了积极的影响，经公司研究决定，对李金予以通报表扬并嘉奖人民币 5 000 元整，以资鼓励。
>
> 希望李金在今后的工作中能够继续发扬乐于助人的精神，在工作中能取得更好的业绩。同时，也希望其他同事以李金为学习的榜样，在做好工作的同时，也要积极关注身边的事，帮助身边的人。
>
> ×× 公司总经理办公室
>
> ×××× 年 ×× 月 ×× 日

领导的意图是“明确李金所做的好人好事及受到的具体奖励，并且一定要号召其他人向他学习”。张研撰写的通告中突出了这两个要点，且展开了具体阐述，达到了这篇文章要实现的目标。

总结来说，在提笔之前，我们要先问自己“为什么要写这篇文章”，确定答案后再开始构思，起草文章，否则就不要动笔。因为如果没有搞清楚这个问题，最终写出来的文章不但自己抓不住重点，读者也会不知所云，这样的文章就是失败的。

5.1.2　建立并描述文章的中心思想

明确了“为什么要写这篇文章”后，我们就能大致确定文章的主题了，但如果不能清晰地将主题描述出来，这样的主题依然是不明朗的，无法指导我们的写作。因此，确定写作主题的第三步就是要准确描述文章的中心思想，确定文章的主体内容，为撰写文章指明方向。

那么如何建立并描述文章的中心思想呢？

1. 根据确定的主题搜集资料

确定文章的主题后，我们就可以围绕主题收集资料了。

例如，上述案例中，领导要求秘书张研撰写一份关于奖励外卖员李金的通告，这就是文章的主题。下一步，张研应围绕写作主题收集资料。张研收集的资料如下。

在 ×××× 年 ×× 月 ×× 日送外卖途中，李金看到路边的一辆电动车着火，他立即靠边停车，将处于危险区域的人员撤回安全区。确保没有人员受伤后，李金立即拨打 119 报警。

经公司研究决定，对李金予以表扬并奖励人民币 5 000 元，以资鼓励。

2. 根据搜集的资料描述中心思想

搜集完资料后，我们要对资料进行归类总结，找出共性，建立并描述中心思想。例如，上述案例中的中心思想可以描述为“外卖员李金在工作途中积极救助路人，公司对此予以表扬并奖励人民币 5 000 元”。

有些文章涉及的内容比较多，收集的资料比较复杂，这时候我们就需要运用金字塔原理中的归纳法，对资料进行归类分组，然后再进行总结提炼，最后得出的结论就是文章的中心思想。

5.2　搭建纵向的文章结构

纵向的文章结构是指“结论先行—提出疑问—给出答案”。这种结构会迫使读者按照写作者的思路思考问题，寻求答案，有助于激发读者的阅读兴趣。

例如，文章的结论为“时间管理可以提升工作效率”，这是文章的中心思想，这个思想很容易引发读者“为什么这么说”的疑问。提出疑问后，他们就很想继续读下去，在文章中寻找解决问题的答案。纵向的文章结构如图 5-1 所示。

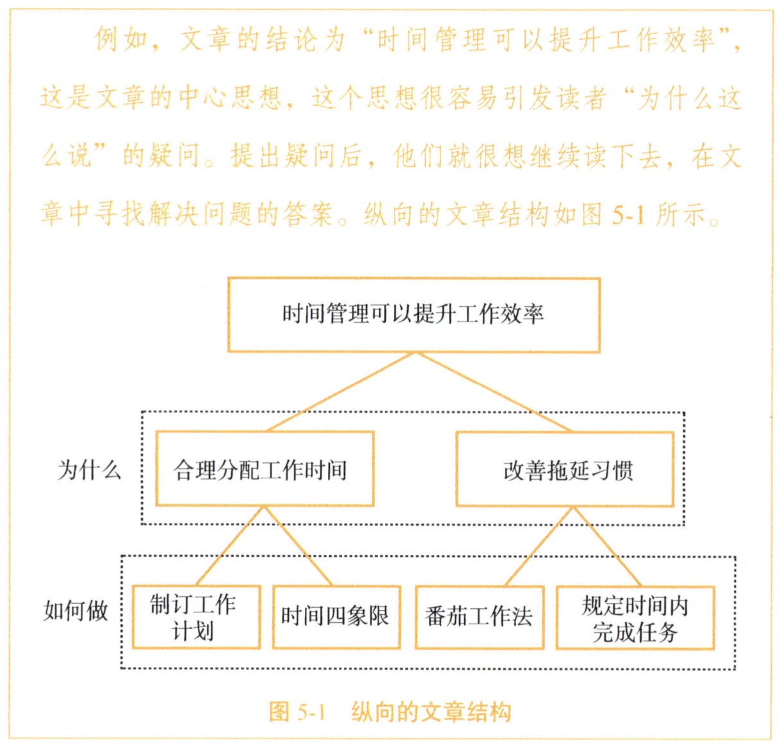

图 5-1　纵向的文章结构

纵向结构其实就是不断地按照“引起读者疑问并回答疑问”的方式进行写作，直到读者不会对我们的表述产生任何疑问。

虽然这并不代表读者一定会接受我们的观点，但至少可以引导读者按照我们的思维方式继续阅读，直至读完文章。这也是一些写作者会搭建纵向的文章结构的主要原因。

5.2.1　结论先行：提出中心思想

纵向的文章结构要求结论先行，即在一开始就提出中心思想。中心思想是位于金字塔顶尖的核心思想，是文章的核心，如图 5-2 所示。

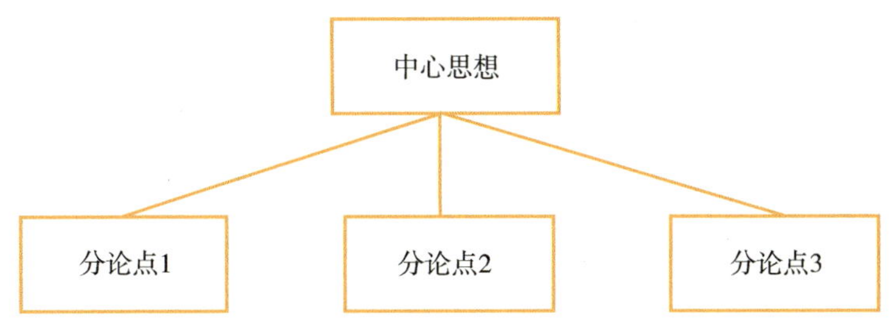

图 5-2　中心思想位于金字塔顶尖

我们也可以将中心思想理解为“向读者发出新信息并引发读者疑问的句子”。

例如，某文章的中心思想是“回避型人格疗愈自己的方法”。对于一部分读者来说，这是一条新的信息，他们可能不知道回避型人格应如何疗愈自己。于是，在看到文章的中心思想时，他们可能会发出“回避型人格疗愈自己的方法有哪些、具体如何疗愈”的疑问，然后会带着疑问阅读文章，获取他们想要的答案。

为什么一定是“新信息”？因为大多数读者不会阅读他们已

经知道的内容，他们通常是抱着求知的心理阅读文章，所以只有新信息才会引起他们的关注，并引发他们的疑问。为此，我们在提出新的思想时一定要确定这个信息对读者来说是新的，能够引导他们提出疑问，并在文章中继续寻找问题的答案。

文章的中心思想是对整篇文章的概括，是文章的核心所在，所以我们在提炼文章的核心思想时一定要认真、严谨，确保中心思想正确。如果写作之前我们没有明确文章的中心思想，那么可以采用金字塔原理中“自下而上”的思考方法概括、确定文章的中心思想。

5.2.2 提出疑问：设想读者的主要疑问

在设想读者的主要疑问时，我们要先确定读者对象，即哪些读者会阅读这篇文章，并希望这篇文章能够帮助自己解决某个问题。

> 例如，关于“做好时间管理可以提升工作效率”这个主题，读者对象通常是工作效率低、总是不能按时完成工作任务的职场人士。

明确文章的读者对象后，我们就要将自己设想为读者，向自己提问：“文章能够回答读者头脑中关于该主题的哪些疑问呢？”

例如，关于“做好时间管理可以提升工作效率”这个问题，读者头脑中的主要疑问可能有以下几个。

> 时间管理是什么？
>
> 为什么说做好时间管理可以提升工作效率？
>
> 如何做好时间管理？
>
> 时间管理的具体方法有哪些？
>
> 是否有可实操的策略、技巧？
>
> ……

设想读者的主要疑问后，我们要将这些疑问记录下来，并对应写出每个疑问的答案。如果我们在当下还找不到问题的答案，那么可以备注“查询资料，解决读者疑问”。

在提出疑问环节要注意的是，我们要尽可能多地、全面地提出疑问，这样才能确保解决读者的所有疑问，以便于更好地推进下一个环节。否则，读者的思想会一直停留在上一个层次，很难按照我们的思维方式发展，或者会对我们给出的答案产生疑问和不信任。

5.2.3　给出答案：围绕中心思想给出答案并分层解读

人们在产生疑问的时候总是会迫不及待地想要寻找答案，所以提出疑问之后，我们就要围绕中心思想给出答案并分层解读，如图 5-3 所示。

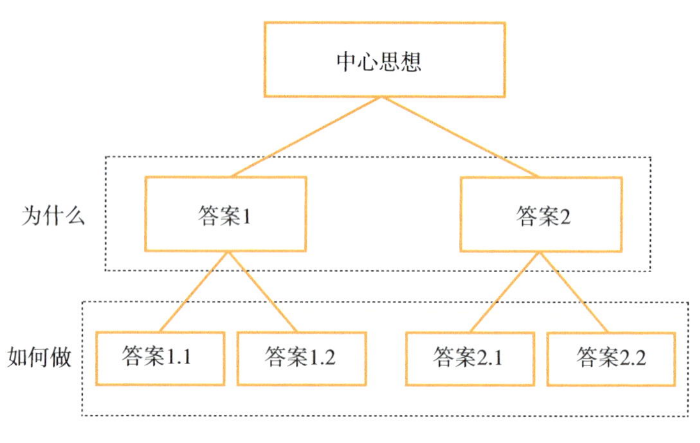

图 5-3　围绕主题思想给出答案并分层解读

提出中心思想后，读者便会产生“为什么”的疑问。这时我们必须在该表述的基础上横向回答读者的疑问。所谓“横向回答”，是将属于同一个思想层次的答案告知读者，这里遵循的是金字塔原理的“MECE 原则”，即要做到给出的答案完全穷尽，无重复无遗漏。

然而，即使我们针对读者可能存在的疑问给出了答案，依然可能存在“读者对我们给出的答案仍然存在疑问”的情况。

例如，在主题为“提高学习效率的方法”的文章中，我们给出的其中一个答案是“制订学习计划”，并阐述了制订学习计划有利于提高学习效率的理由。这时读者可能会产生这样的疑问："如何制订学习计划呢？"

当读者对我们给出的答案仍然存在疑问时，我们就需要在下一个思想层次继续回答读者提出的疑问。总结来说，给出答案的步骤如图 5-3 所示，先给出答案 1，然后继续在下一个层次给出答案 1.1，直到读者不会对我们给出的答案产生新的疑问。这个时候我们就可以回到答案 2，继续按照上面的步骤回答第二个答案、第三个答案……直到中心思想下面的初始疑问全部得到回答。这样，一篇结构完善、逻辑严谨的纵向的文章结构就形成了。

概括来说，在纵向的文章结构中，我们要做的就是站在读者的角度不断提出问题，然后给出答案，直到读者不会对我们给出的答案产生疑问。

在搭建纵向的文章结构时，我们要注意，要想吸引读者的注意力，引导读者按照我们的思维方式展开思考，必须确保在给出答案之前读者已经没有任何疑问，也必须确保在引出疑问之前，不给出该问题的答案，即在读者需要答案的时候才提供相应的信息。

5.3 搭建横向的文章结构

文章可以按照纵向结构展开，也可以按照横向结构展开。横向结构即多个思想之间因共同组成同一个逻辑推理，而被并列组织在一起。横向的文章结构主要有 4 种逻辑顺序：演绎顺序、时间顺序、结构顺序和程度顺序。

5.3.1 按照演绎顺序搭建文章结构

演绎顺序是指按照演绎推理的逻辑对思想进行排序，搭建文章结构。演绎顺序是一个具有 3 段论的形式，即大前提、小前提、结论，如图 5-4 所示。

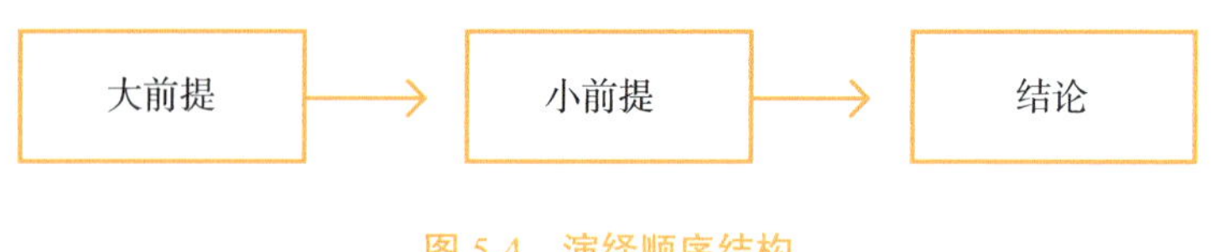

图 5-4 演绎顺序结构

1. 描述大前提

大前提可以是已经存在的某种情况，也可以是存在的问题或存在的现象。

> 例如，“做好这 4 项工作就可以提升团队销售业绩”“上个月客户投诉率较高”。

2. 描述小前提

小前提阐述的是和大前提同时存在的相关情况。小前提的表述要针对大前提表述的主语或谓语。

例如，针对上面大前提的两个例子，小前提可以描述为“但是就团队目前的士气来看，几乎不可能做好这 4 项工作”“产品质量差是导致客户投诉的一个重要原因”。

3. 给出结论

描述完大前提和小前提后，读者的大脑可能会发出一种信号——结论是什么？这时我们就要给出结论。

例如，针对上述举例，最后的结论可以描述为“因此，管理者应当提升团队的士气”“因此，企业需要重视并提升产品质量”。

按演绎顺序搭建的文章结构如图 5-5 所示。

演绎顺序更符合人们常规的思维方式，但是如果文章涉及的内容比较复杂、烦琐，那么演绎顺序就会增加读者的阅读难度。所以，在搭建横向的文章结构时，我们尽量不要过多地使用演绎顺序，最好用归纳顺序代替。

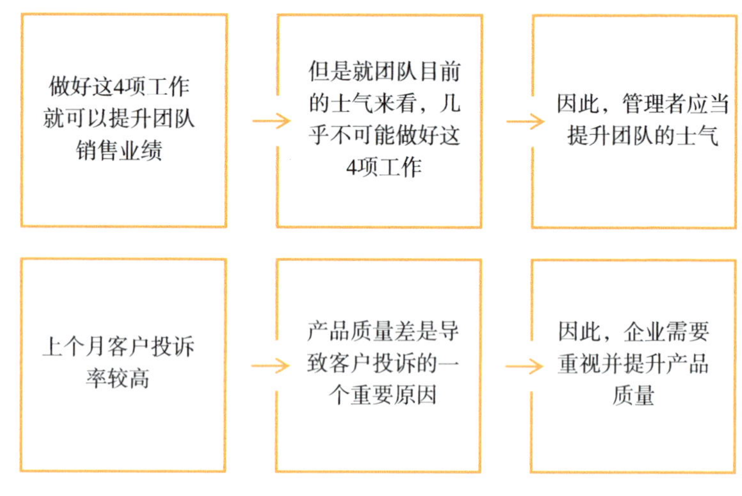

图 5-5　横向的文章结构

5.3.2　按照时间顺序搭建文章结构

时间顺序是比较容易理解的一种顺序，即事件发生的先后顺序。在按照时间顺序组织的思想组中，我们要按照采取行动的顺序，如第一步、第二步、第三步……依次说明达到某种结果时必须采取的行动。当必须采取多项行动才能达到某种特定结果时，这些行动就构成了一个系统、一个过程或一个流程。概括来说，这些行动就是产生某种特定结果的原因的集合。时间顺序结构如图 5-6 所示。

完成该系统、过程或流程的行动只能按照时间顺序依次进行。因此，代表一个系统、过程或流程的一组行为必定按照时间顺序排列，而该组行为的概括，必定是采取这些行为取得的结果或达到的目标。

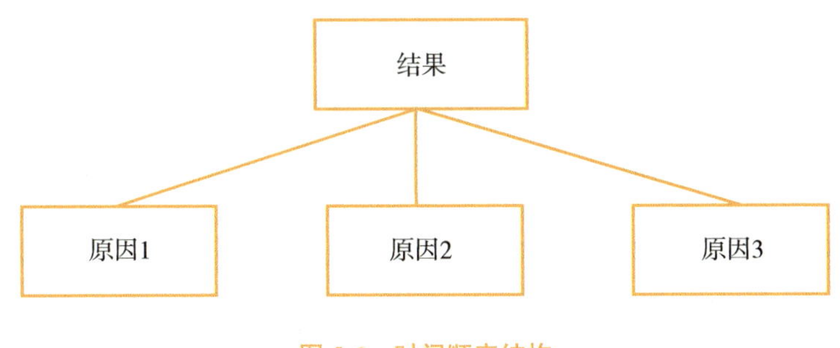

图 5-6　时间顺序结构

当达到某一特定结果需要采取的行动不是很多时，我们可以很直观地区分出原因和结果，但是当某个过程比较长，包含很多步骤时，我们就很难区分原因与结果，很难按照时间顺序搭建一个逻辑清晰的文章框架。

> 在第一个工作阶段我们必须采取以下行动。
>
> 第一，与员工谈话，了解员工的想法。
>
> 第二，跟踪并记录员工的工作行为。
>
> 第三，确定工作中的关键环节。
>
> 第四，分析工作完成情况。
>
> 第五，评估绩效结果。
>
> 第六，制定改进绩效的措施。

第七，找出影响绩效成绩的问题和原因。

第八，找到提升团队绩效的方法。

虽然这个流程很详细，但是读者很难理解和记忆。此外，虽然这8个思想可以按照以上顺序排列，但是仔细观察我们会发现，有些思想并不处于同一个层次上，如果不按照相同的思想层次对以上8个思想进行归类分组，文章的结构、逻辑就会显得十分混乱。如果按照时间顺序搭建结构，上面的例子我们实际上可以按照下面的结构进行表述，如图5-7所示。

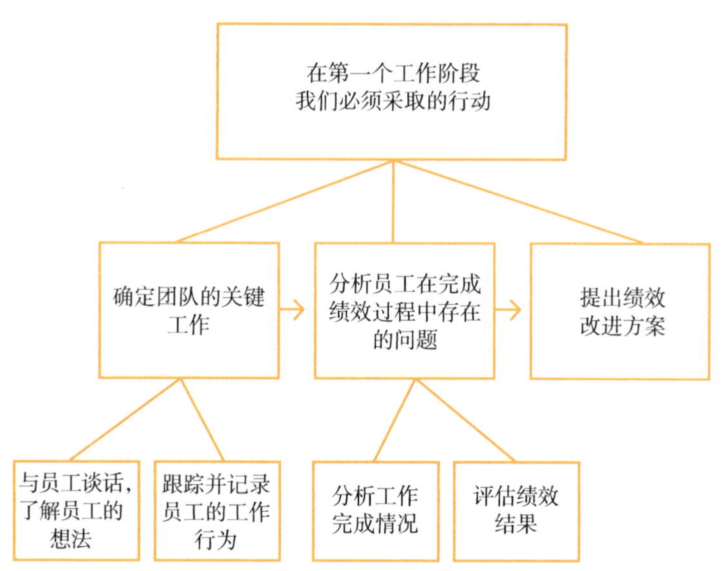

图5-7　按时间顺序搭建的文章结构

在第一个工作阶段我们必须采取以下行动。

首先，确定团队的关键工作。

与员工谈话，了解员工的想法。

跟踪并记录员工的工作行为。

其次，分析员工在完成绩效过程中存在的问题。

分析工作完成情况。

评估绩效结果。

最后，提出绩效改进方案。

按时间顺序重新组织后，文章的结构更加清晰，更便于读者阅读和理解。因此，我们在按照时间顺序搭建文章结构时，尤其是行动步骤较多时，一定要明确区分原因和结果，按照相似性进行归类分组。

5.3.3　按照结构顺序搭建文章结构

结构顺序也称空间顺序，是指我们在使用地图、照片或图画想象某事物时的顺序。简言之，结构顺序就是将整体分割为部分，或将部分组成整体。

通常，企业绘制组织结构图时会按照结构顺序，将整体分割为部分，或者将部分组成整体，如图 5-8 所示。

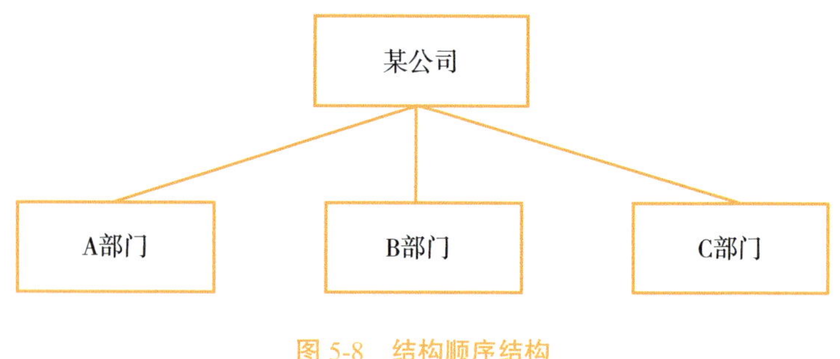

图 5-8　结构顺序结构

在使用结构顺序搭建横向的文章结构时，我们要遵循 MECE 原则，即将某个整体划分为部分时，必须保证被划分的各个部分要符合以下要求。

各部分之间相互独立，没有重叠；所有部分完全穷尽，没有遗漏。

遵循 MECE 原则才能确保划分出来的结构包含所有需要说明的部分，如图 5-9 所示。

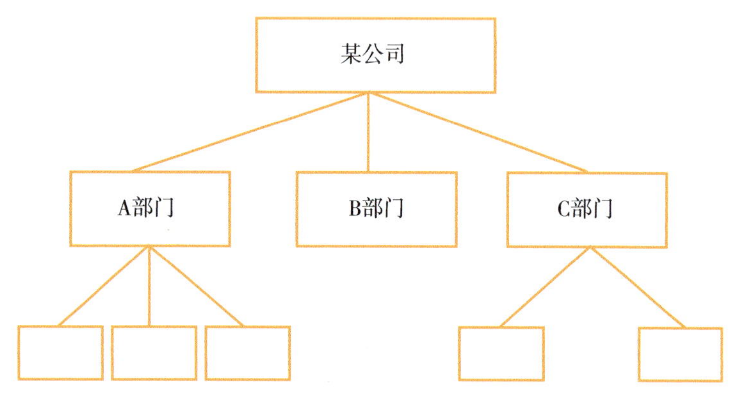

图 5-9　“相互独立，完全穷尽”的结构顺序

结构顺序搭建完成之后，下一步就可以按照这个顺序对具体内容进行阐述了。很多人会存在这样的疑问："按照什么样的顺序阐述被划分出来的各个部分呢？"其实，各个部分的顺序就是我们使用的划分原则。

如果划分时强调的是活动的流程、步骤，那么各个部分应当按照时间顺序展开。例如，A 部门为产品部门，主要工作内容为研发、生产、销售，那么按照时间顺序展开就是"研发–生产–销售"。

如果划分时强调的是地点，那么各个部分的内容应当按照结构顺序展开。例如，举办活动的地点为北京、上海、广州。

在对结构顺序中的各个部分进行阐述时，我们应当清楚各个部分的具体内容是按照什么逻辑划分的，然后按照逻辑顺序依次描述即可。

5.3.4　按照程度顺序搭建文章结构

程度顺序也称重要性顺序，是指将类似事务按照重要性归为一组，如 3 个问题、4 种原因、5 个因素等。

例如，在分析公司取得成功的因素时，我们会说"公司取得成功的因素有 5 个"。严格地说，这种表达不够精准。实际上，我们认为使公司取得成功的因素有很多，但这 5 个是非常关键的，且具有一定的共性，比其他因素对公司取得成功的影响更大。所以，准确的表达是“公司取得成功的因素有‘这5个因素’和‘其他因素’”，如图5-10所示。这就是典型的按照程度顺序搭建的结构。

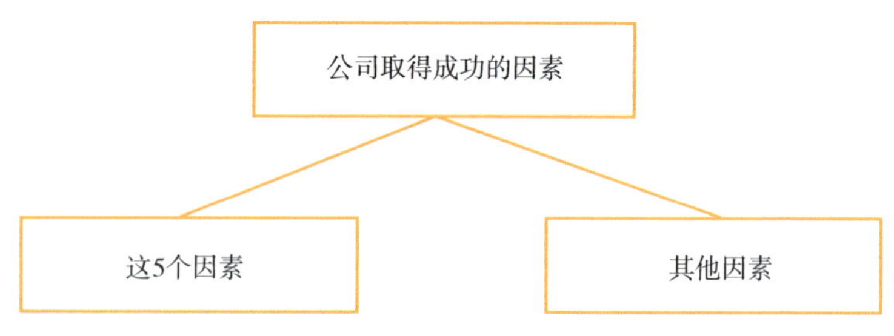

图5-10 程度顺序结构

“这5个因素”和“其他因素”之间具有共同特性——使公司取得成功，但是由于共性的程度不同，所以表达顺序是“这5个因素和其他因素”。“这5个因素”中的各个因素也是因为具有某种共性而归为一组，每个因素所具有的共性程度也不同，同样可以按照“程度”从高到低、从最重要到次要、从大到小的顺序排列。这就是程度顺序，也称重要性顺序。

重要性顺序是指每组思想中具有共同的特性，确保所有具有该特性的思想可以归为一组。然后，在每组思想中，根据各个思想具有的该特性的程度由高到低的顺序依次排列，先介绍最重要的，再介绍次要的。

本节介绍的横向的文章结构的4种逻辑顺序既可以单独使用，

也可以组合使用，但必须确保每一组思想中都必须至少存在一种逻辑顺序。

5.4　序言的构思与写作

在前几章的内容中，我们曾简单地介绍了序言的结构。序言是指正文之前的文章，如前言、导语、引言等，概述的是读者已知的信息，然后由此引发读者的疑问，再引出答案——整篇文章的内容。

序言通常采用讲故事的形式，先介绍读者熟悉的背景，然后说明背景中产生的冲突，由此引发读者的疑问。这种结构就好像一个故事没有讲完，读者为了探寻故事的结果，就会继续阅读文章。

序言在文章金字塔结构中的呈现如图 5-11 所示。

序言的结构是由 SCQA 这 4 个要素组成的，基本结构为 S-C-Q-A。我们以提升客户满意度为例呈现序言的基本结构。

> 情境（S）：公司非常注重服务品质和效率，客户满意度一直很高。
>
> 冲突（C）：近日频繁有客户投诉，导致客户满意度不断降低。

疑问（Q）：为什么会出现这种问题？如何解决客户投诉，提升客户满意度？

解决方案（A）：寻找客户投诉产生的原因并积极解决问题。

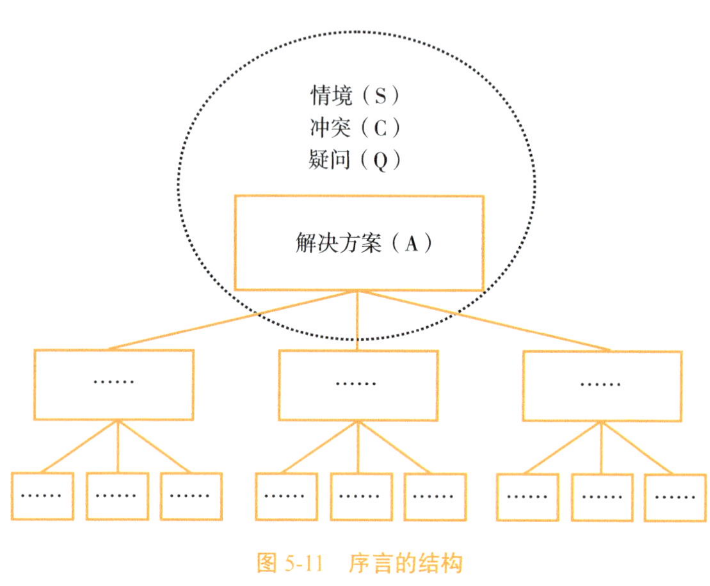

图 5-11　序言的结构

这 4 个要素的顺序并不是固定的。根据不同的顺序排列，我们可以把序言的结构分为 4 种：标准式、开门见山式、突出忧虑式和突出信心式。我们可以根据写作风格及序言中要突出的内容选择合适的结构。

5.4.1　标准式：情境 – 冲突 – 解决方案

标准式结构是序言的基础结构，具体结构为“情境 – 冲突 – 解决方案”。

以“提升客户满意度”为例，采用标准式的结构进行表达如下。

> 近些年，公司非常注重服务品质和效率，客户满意度不断提升。但是，近日突然出现客户频繁投诉的现象，客户满意度直线下降。为什么会出现这种现象？如何快速解决客户投诉问题，提升客户满意度？为此，我们应当积极探寻客户投诉背后的本质问题，然后“对症下药”。

标准式结构是按照人们的思维顺序展开的，便于读者阅读和理解。

5.4.2　开门见山式：解决方案 – 情境 – 冲突

开门见山式是指直接告诉读者答案，然后再介绍情境和冲突，具体结构为“解决方案 – 情境 – 冲突”。

以“提升客户满意度”为例，采用开门见山式的结构进行表达如下。

> 我们积极寻找客户投诉产生的原因并积极解决问题是为了提升客户满意度。近年来，公司十分注重服务品质和效率，客户满意度不断提升。但是，近日突然出现客户频繁投诉的现象，客户满意度直线下降。

开门见山式在一开始就将读者想知道的答案告诉他们，能够有效激发读者的兴趣，引导他们继续阅读接下来的内容。

5.4.3 突出忧虑式：冲突－情境－解决方案

突出忧虑式是指先介绍冲突，然后再介绍情境和解决方案，具体结构为“冲突－情境－解决方案”。

以“提升客户满意度”为例，采用突出忧虑式的结构进行表达如下。

> 据售后部门反映，近几日出现了大量客户投诉。这种情况令人惊讶，因为近些年来公司十分注重服务品质和效率，客户满意度不断提升。为了进一步提升客户满意度，当前我们必须积极探寻客户投诉背后的本质问题并积极解决这些问题。

“冲突”总是能够引发读者的好奇，他们可能想知道下一步会发生什么，为了寻找答案，他们会继续阅读接下来的内容。所以，突出忧虑式的序言结构能够有效激发读者的阅读兴趣。如果我们要介绍的事情矛盾比较突出，那么就可以采用突出忧虑式的结构构思和撰写序言。

5.4.4　突出信心式：疑问 – 情境 – 冲突 – 解决方案

突出信心式结构是指先提出疑问，然后再介绍情境和冲突，最后给出解决方案，具体结构为“疑问 – 情境 – 冲突 – 解决方案”。

以“提升客户满意度”为例，采用突出信心式的结构进行表达如下。

> 我们如何做才能解决当前客户投诉问题，保持客户满意度不断提升呢？这些年来，公司十分注重服务品质和效率，客户满意度不断提升。但是，近日突然出现客户频繁投诉的现象，客户满意度直线下降。为此，我们必须积极探寻客户投诉背后的本质问题并积极解决这些问题。

人们总会对疑问产生兴趣，因为他们可能迫不及待地想寻找问题背后的答案。所以，如果问题比较突出，且是读者十分关心的问题，那么不妨采用突出信心式的结构构思和序言。但如果读者不了解背景和冲突，也就不存在疑问，这种情况下就不建议采取这种方式进行表达，容易让读者一头雾水。

总之，序言的结构并不固定，每一种结构都有其特点和适用的场景，我们在写作时应根据要突出的内容选择合适的结构，这样才能更加有效地进行表达。

5.5 文章中如何呈现金字塔结构

在文章中呈现金字塔结构的方法主要有 5 种：多级标题法、下划线法、数字编号法、行首缩进法和项目编号法，如图 5-12 所示。

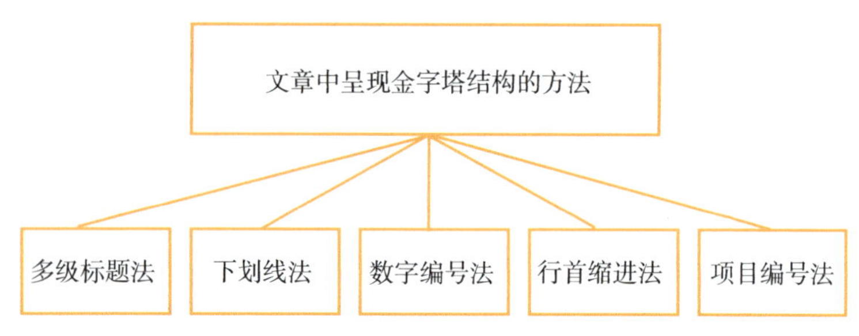

图 5-12 文章中呈现金字塔结构的方法

5.5.1 多级标题法

多级标题法是写文章时比较常用的，且能够清晰呈现文章中金字塔结构的一种方法。具体来说，多级标题法就是根据思想分组，自上而下设立标题，如图 5-13 所示。

金字塔的顶端为一级标题，然后自上而下为二级标题、三级标题、四级标题。实际工作中，我们在用 Word 写文章的时候，可以根据标题的性质在工具栏中选择标题的层级，如图 5-14 所示。

选择好标题后，我们可以在工具栏“视图”中选择导航窗格，如图 5-15 所示。

然后，在文档的右侧就会呈现出多级标题，如图 5-16 所示。

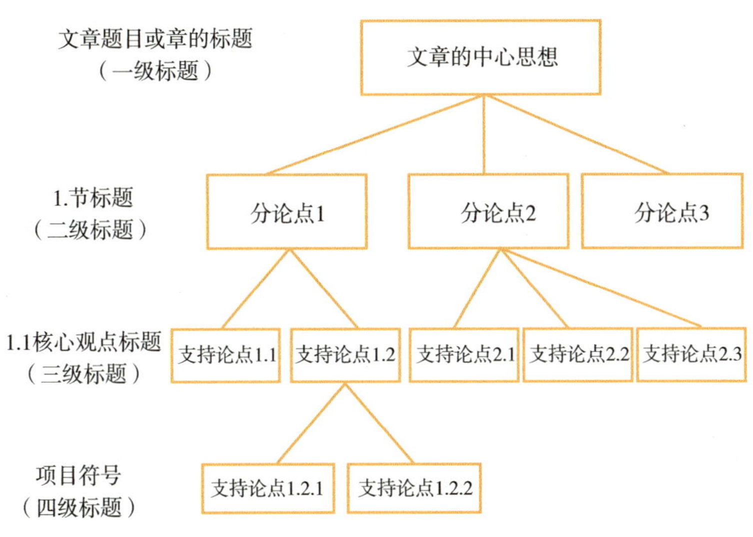

图 5-13　多级标题法

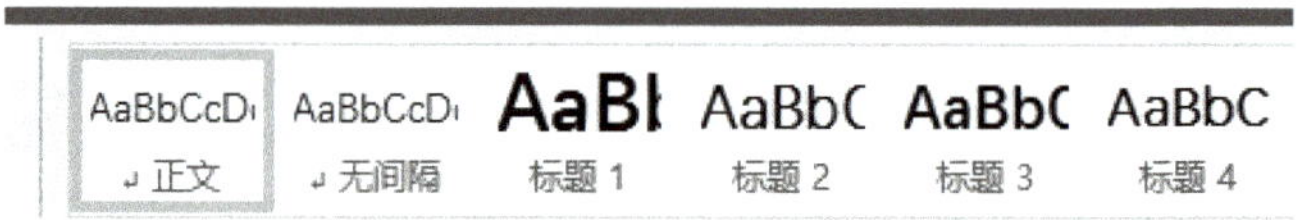

AaBbCcDı
↵ 正文
AaBbCcDı
↵ 无间隔
AaBl
标题 1
AaBbC
标题 2
AaBbC
标题 3
AaBbC
标题 4

图 5-14　Word 中的标题选项

标尺
网格线
导航窗格
显示

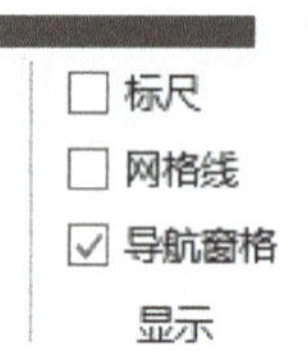

图 5-15　视图中的“导航窗格”

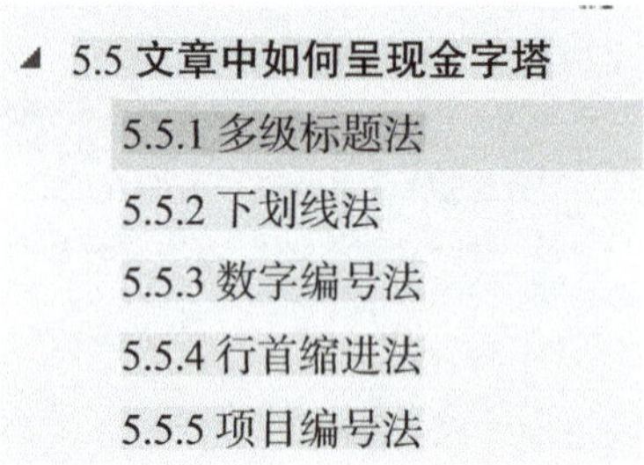

5.5 文章中如何呈现金字塔
5.5.1 多级标题法
5.5.2 下划线法
5.5.3 数字编号法
5.5.4 行首缩进法
5.5.5 项目编号法

图 5-16　多级标题

多级标题法其实就是用不同的标记区分不同层次的思想，同一层次的思想采用同一种表现形式，具体内容如下。

文章的标题

章的标题要总结这一章的核心思想，并居中排列。

标题结束后，要介绍这一章的主要内容，提供读者想知道的信息。

其他章的标题采用同样的形式。

1. 节标题

节标题总结每一节的核心思想。

其他的节标题应采取同样的形式。

每一节可以划分为若干个小节，如果内容不多可以划分为若干个段落。

1.1 核心观点标题

核心观点标题即小节标题，总结提炼每一小节的核心思想。

其他小节的标题应采取同样的形式。

小节标题可以用段落标记区分，即用不同的段落表示，可以加粗首句或第一个词组，以强调段落的相似性，也可以用项目符号表示，如星号“*”或者原点“·”。

除了要掌握多级标题的格式，我们还要了解使用多级标题的几个注意事项，如图 5-17 所示。

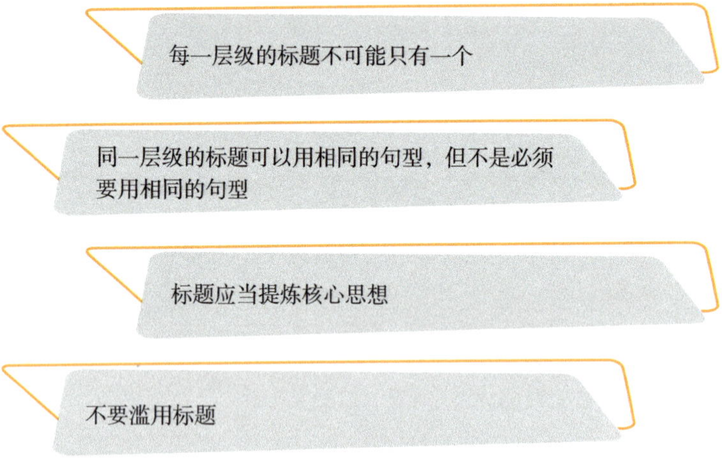

每一层级的标题不可能只有一个

同一层级的标题可以用相同的句型，但不是必须要用相同的句型

标题应当提炼核心思想

不要滥用标题

图 5-17　使用多级标题时的注意事项

（1）每一层级的标题不可能只有一个。

标题呈现的其实就是金字塔结构，金字塔结构中每层不可能只有一个思想，所以每一层级的标题也不可能只有一个。通俗地说，文章中不可能只有一个章标题、一个节标题、一个小节标题。

（2）同一层级的标题可以用相同的句型，但不是必须要用相同的句型。

为了强调同一层次的思想的一致性，标题的句型可以相同，但也可以不同。如果第一节的标题是动词，那么第二节的标题可以是名词，也可以是动词。例如，关于提升工作效率的小节内容如下。

1. 制订工作计划

1.1 列出所有需要完成的工作项目

1.2 根据项目性质合理分配时间

2. 提升工作能力

2.1 加强专业能力的学习

2.2 加强综合能力的学习

2.3 从与同事的沟通中学习

从上述的例子可以看出，同一层级标题的句型可以相同，也可以不同。我们不必为了强调同一层次的思想的一致性，而刻意用句型相同的句子。我们要知道，同一层次思想的相似性强调的是思想的一致性，而不是句子的一致性。所以，只要表达的思想是一致的即可。当然，如果可以用同样的句型表达，那么效果会更好。

（3）标题应当提炼核心思想。

标题是为了提示读者接下来的主要内容，并不是用来说明具体内容的，所以标题应简明扼要地表达核心思想。例如，“制订详细的工作计划，合理分配自己的工作时间”，这个标题就比较累赘，可以提炼为“制订工作计划，分配工作时间”。

（4）不要滥用标题。

标题的作用是为了帮助我们更清楚地向读者传达信息，便于读者理解、接收信息。所以，我们要在适合使用标题的地方使用标题，不能滥用标题，否则会影响读者的阅读体验。

多级标题不仅可以清晰地呈现文章的金字塔结构，还可以为读者提供一个目录，便于读者阅读。

5.5.2 下划线法

文章比较长且内容复杂的时候，我们可以用多级标题法呈现文章的金字塔结构，让读者能够厘清文章各部分内容之间的关系，帮助读者理解内容。但是，如果文章的内容比较简单，例如每一个观点下面只有一段话，读者很容易理解我们表达的观点以及观点之间的关系，那么我们只需要在观点下加上下划线，突出观点即可。

> 市场营销部已经制定了本次产品营销活动的方案，活动相关工作人员应仔细阅读营销方案，并关注以下两个问题。
>
> 1. 参与者如何了解活动规则？参与者可以通过咨询现场工作人员或者阅读展架上的活动规则内容了解活动规则。
>
> 2. 参与者如何兑奖？参与者参与活动中奖后，可与活动现场的工作人员联系，也可以将自己的中奖号码输入官方网站的兑奖页面，直接在线兑奖。

在使用下划线法时，我们应注意以下几个要点。

（1）下划线的各个要点必须直接回答上一个层次提出的问题。

> 某门店销售员日常工作注意事项有以下几点。
>
> 1. 礼貌待人，避免与客户发生冲突。客户进店后要礼貌打招呼，遇事多解释……
>
> 2. 上班必须穿工作服。上班必须按照公司要求穿工作服，佩戴名牌……
>
> 3. 上班时间不得玩手机。店里没有客人的时候也要认真履行工作职责，不得玩手机……

“下划线的各个要点必须直接回答上一个层次提出的问题”这一点遵循的是金字塔原理中的“文章中任一层次上的思想必须是对其下一层次思想的总结概括”的规则，能够确保文章逻辑严谨、结构完整、内容完善。

（2）下划线的论点要简明扼要。

下划线上的内容实际上是对一段内容的总结，所以阐述时应当简明扼要。

（3）下划线下的所有论点必须按照一定的逻辑顺序展开。

下划线下的所有论点必须按照一定的逻辑顺序展开，否则就会导致逻辑混乱，表述不清，让读者难以理解。具体以何种逻辑顺序展开应根据观点的具体内容而定，选择逻辑顺序时可以参考本章第 3 节的内容。

下划线法可以突出要点，吸引读者的眼球，也便于读者理解和阅读。所以，如果文章的内容不是很多，我们可以采用下划线法呈现文章的金字塔结构。

5.5.3　数字编号法

数字编号法是指用数字强调文章的重点内容及细分内容，大多数企业在编写规范、规章制度的时候比较常用的方法就是数字编号法。这种方法的优点是可以准确地找到我们需要的内容。本书的目录结构采用的方式其实就是数字编号法，我们以本章的目录结构为例来看一下数字编号法的格式。

5. 高效写作：如何应用金字塔原理进行构思与写作

  5.1　基于目标确定写作主题

    5.1.1 为什么要写这篇文章

    5.1.2　建立并描述文章的中心思想

  5.2　搭建纵向的文章结构

同一层次的思想采用同等级的编号。为了使数字编号法利于查找，且让读者快速找到核心要点，建议数字编号法与多级标题法结合使用，即在编号后面写上可以突出核心思想的标题。

数字编号法虽然易于查找内容，但是也存在一定的问题，过多地使用数字标号很容易分散读者对整体内容的关注。另外，如果修改时删除了一节或一个小节，那么还需要重新进行编号，这是一件比较麻烦的事情。

所以，我们在使用数字编号法时要根据实际情况而定，不能为了呈现金字塔结构而滥用数字编号法。

5.5.4　行首缩进法

如果文章的内容非常短，不太适合用多级标题法、下划线法和数字编号法呈现思想的层次，而我们要表达的思想又不属于同一层次，如果想要通过金字塔结构呈现文章的内容，我们就可以采用行首缩进法。

行首缩进法是指同一个层次的思想分为一段，然后在每一段的首行缩进 2 个字符。为了让结构更加清晰，通常建议行首缩进法配合编号或项目符号使用。

> 6 月 20 日，我们将召开销售部门上半年业绩复盘会议。为了提高会议效率，领导需要会议助理安排好以下几个事项。
>
> 1. 准备好召开会议所需的资料。

> 2. 将会议时间和地点准确无误地传达给与会者。
>
> 3. 提前预约会议室，并准备一些小点心、饮料。

采用行首缩进法呈现文章的金字塔结构时，我们应注意使**用相同的句型表达观点**。这样不仅能够使我们表达的思想易于理解，还能帮助自己检查是否清楚表达了想表达的内容。行首缩进法通常用于内容比较短的文章，如果文章内容过长，则不建议使用该方法，容易导致文章结构不清晰。

5.5.5 项目编号法

项目编号法是指用不同层次的项目编号呈现文章中不同层次的思想，从而在文章中呈现金字塔结构。一些企业常用这种方法撰写项目进度小结。

项目编号法与多级标题法一样，思想层次越高，越靠近页面左侧。

> **某公司某项目进度小结**
>
> 1. **项目总体概述**
>
> a. 项目概述
>
> 某项目主要分为两期实现……
>
> • 第一期……

- 第二期……

b. 项目计划时间

- ×××× 年 ×× 月开始筹划
- ×××× 年 ×× 月 ×× 日正式立项
- ×××× 年 ×× 月 ×× 日第一期上线，×××× 年 ×× 月 ×× 日第二期上线
- ×××× 年 ×× 月 ×× 日结项

2. 项目进度情况

a. 项目一期进度

- 于 ×××× 年 ×× 月 ×× 日正式交付……
- 满足预期需求……
- 后续需求已基本开发完成……

b. 项目二期进度

- 于 ×××× 年 ×× 月 ×× 日正式交付……
- 未对项目二期进行测试，暂未能确定需求匹配度……

3. 项目障碍分析及解决方案

……

使用项目标号法时要注意：**同一层次的思想采用的项目标号**

形式应相同，且格式要对齐。

多级标题法、下划线法、数字编号法、行首缩进法和项目编号法都可以帮助我们在文章中呈现清晰的金字塔结构，提升视觉效果，提升读者的阅读体验，帮助读者更好地理解文章内容。所以，我们在写文章的时候需熟悉以上 5 种呈现金字塔结构的方法，并根据内容性质选择合适的方法。

5.6 案例演练

写作是必备的工作技能，可以帮助我们提升工作效率。下面介绍了几种工作中经常会遇到的写作体裁，我们可以运用本章所学知识进行案例演练，以促进我们吸收知识，做到学以致用。

5.6.1 如何撰写工作计划

> 市场营销部主管要求团队员工每个人撰写一份 11 月的工作计划。

首先，团队员工可以确定写作主题——11 月工作计划。

其次，团队员工要围绕写作主题收集工作相关信息，确定 11 月的工作内容。

再次，团队员工要对搜集的信息进行归类分组，并选择合适的方法呈现文章结构。

最后，团队员工要先写序言，再按照金字塔结构自上而下表达文章的内容。

工作计划的具体内容形式如下。

××××年 11 月工作计划

【标题】

10 月的工作已经圆满完成，并且取得了不错的成绩，但也存在一些不足之处。为了改进不足之处，取得更好的成绩，我制订了 11 月的工作计划，详细如下。

【序言】

11 月的工作计划主要有：

1.××××××××××××××××

- ××××××××
- ××××××××

2.××××××××××××××××

- ××××××××
- ××××××××

3.××××××××××××××××

- ××××××××

- ×××××××

【呈现金字塔结构】

希望通过自己的努力和付出，我可以顺利完成11月的工作计划，创造更高的绩效。

×××

××××年11月

【结尾】

5.6.2　如何撰写工作总结

销售部门的领导要求销售主管对8月的工作进行总结，并撰写一份总结报告。

首先，销售部门主管可以确定写作主题——8月工作总结。

其次，销售部主管要围绕主题收集相关资料，并对相关资料进行归类分组。

再次，销售部主管要根据分组后的资料选择合适的方法呈现文章结构。

最后，销售部主管要先写序言，再按照金字塔结构自上而下地表达文章的内容。

工作总结的具体内容形式如下。

××××年8月工作总结

【标题】

在××××年8月的工作中，我们部门取得了不错的成绩……现将具体工作情况总结如下。

【序言】

1. 基本情况和取得的成绩

- ×××××××
- ×××××××

2. 存在的困难和问题

- ×××××××
- ×××××××

3. 下一步的工作安排

- ×××××××
- ×××××××

【呈现金字塔结构】

×××

××××年8月

【结尾】

5.6.3 如何撰写方案论证报告

> 技术部门领导要求技术主管撰写一份某技术方案论证报告。

首先，技术主管可以确定写作主题——××技术方案论证报告。

其次，技术主管要根据主题收集相关资料，对相关资料进行归类分组。

再次，技术主管要根据分组后的资料选择合适的方法呈现文章结构。

最后，技术主管要先写序言，再按照金字塔结构自上而下表达文章中的内容。

方案论证报告的具体内容形式如下。

> **××技术方案论证报告**
>
> 【标题】
>
> 按照……要求，根据……，现在就××技术方案报告进行论证，具体内容如下。
>
> 【序言】

1. 引言
    - 编写目的
    - 背景
    - 定义
    - 参考资料
    - ……
2. 技术方案的前提
    - 要求
    - 目标
    - 进行技术可行性分析的方法
    - 评价准则
    - ……
3. 对现有技术的分析
    - 现状分析
    - 局限性
4. 建议的技术方案
    - 技术方案概述
    - 技术方案可行性分析
    - 技术方案实施流程
    - ……

5. 其他可选择的技术方案

- 可选择的方案 1
- 可选择的方案 2
- ……

6. 结论

【呈现金字塔结构】

5.6.4 如何撰写经验分享报告

员工章滨在某项工作任务中取得了非常好的成绩，团队主管安排章滨在下周的例会上分享自己的成功经验。为此，章滨要撰写一份经验分享报告。

首先，章滨可以确定本次写作的主题——某项工作经验分享报告。

其次，章滨要围绕主题寻找相关资料，对相关资料进行归类分组。

再次，章滨要根据分组后的资料选择合适的方法呈现文章结构。

最后，章滨要先写序言，再按照金字塔结构自上而下地表达文章的内容。

经验分享报告的具体内容形式如下。

××工作经验分享报告

【标题】

上个月我完成了××项目工作，取得了一些成绩……同时也积累了一些经验，现将这些经验分享给大家，希望对大家的工作有所帮助。

【序言】

1. 工作中取得的成绩

- ×××××
- ×××××

2. 分析

- 做得好的方面原因分析
- 不足之处原因分析

3. 洞察

- 可供他人借鉴的经验
- 对不足之处的改进计划

【呈现金字塔结构】

5.6.5 如何撰写会议纪要

团队会议结束后，领导让秘书周艳撰写一份会议纪要。

会议纪要是在会议记录的基础上加工、整理出来的一种介绍性和记叙性文件，是记载和传达会议情况及议定事项时所使用的一种文书。

接收到领导的安排后，周艳首先可以确定写作主题——×××会议纪要。

其次，周艳要整理会议上记录的相关资料，对相关资料进行归类分组。

再次，周艳要根据分组后的资料选择合适的方法呈现文章结构。

最后，周艳要先写序言，再按照金字塔结构自上而下地表达文章的内容。

常见的会议纪要的内容形式如下。

××××会议纪要

【标题】

会议名称：

时间：

主持人：

参会人员：

主要议程：

会议的主要成果：

本次会议研究的几个问题纪要如下：

【序言】

1.××××××××××××××××

- ×××××××
- ×××××××

2.××××××××××××××××

- ×××××××
- ×××××××

3.××××××××××××××××

- ×××××××
- ×××××××

【呈现金字塔结构】

第 6 章

有效表达：如何应用金字塔原理实现清晰表达

无论是生活中还是工作中，我们都需要通过口头表达与人交流、传递信息，达到沟通目的。但是，我们在表达时常遇到“自己说了很多内容，对方却一头雾水”的情况，导致信息传递失败，沟通目的无法达到。我们可以运用金字塔原理有效解决表达不清晰的问题。

6.1　有效表达的 4 个核心要素

何谓有效表达？简单来说，有效表达就是清晰传达，令对方能够明确我们要表达的意思。具体来说，有效表达应具备以下 4 个特点，如图 6-1 所示。

图 6-1　有效表达的 4 个特点

1. 对方愿意听，有兴趣听

表达是双向的，即我们要将信息准确地传达出去，对方也要愿意听，有兴趣听。否则，表达就是无效的。例如，客户对某电子产品很感兴趣，销售员向客户介绍的恰好正是这款产品，这样的表达客户就会愿意听，有兴趣听，也就较容易实现有效表达。

2. 对方理解并接受我们表达的观点

只有对方理解并接受我们的观点，我们表达的信息才能真正传递出去，表达才能有效。例如，领导告知员工其制定的营销方案缺乏新意，需结合市场趋势进行优化，如果员工理解并接受领导表达的观点，那么他就会去思考营销方案中存在的问题，并采取行动优化营销方案。

3. 对方记住我们发出的指令

我们表达的目的有时候不只是传递信息，还会发出一些指令。例如，领导对销售主管说“下周为新产品策划一份营销方案”，如果销售主管记住了这个指令，那么表达就取得了初步成效。

4. 对方执行我们发出的指令

对方只是记住我们发出的指令还不够，还要执行指令，这才是真正意义上的有效表达。例如，领导对团队成员说“下周一召开例会，全体成员需在 8:30 之前抵达会议室”，如果员工下周一 8:30 之前全部抵达会议室，那么领导的表达就是有效的。

要实现有效表达，我们需掌握下面 4 个核心要素，如图 6-2 所示。

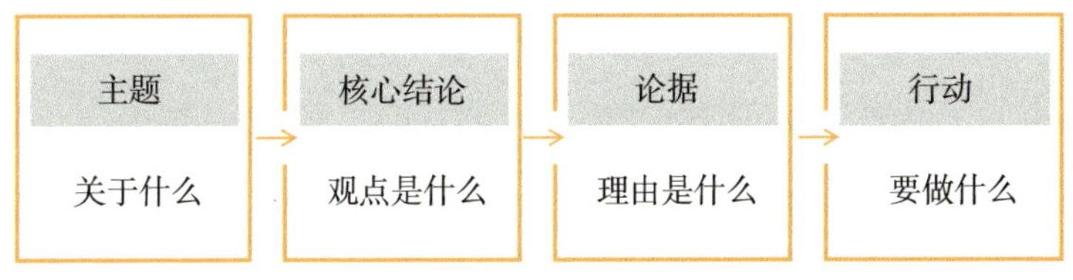

图 6-2　有效表达的 4 个核心要素

6.1.1　主题：关于什么

有效表达的第一步是确定主题，即表达的内容是什么。主题其实就是金字塔结构中的中心思想。确定了主题就等于确定了表达的方向，接下来才能围绕主题清晰地表达。否则，很容易让对方摸不着头脑，不知道我们究竟想表达什么。

例如，某次例会上，领导要求张良对上一周的工作做一个总结。于是，张良在会议上发表了下面一段话。

> “我上周非常忙，即便如此，我还是顺利地完成了工作任务。我策划了一次销售活动，有 1 000 多人参与。参与活动的人对本次活动非常满意，还对我们的产品提出了一些意见。他们希望我们可以提高产品质量，优化产品功能。关于产品质量和功能优化问题，我的建议是……此外，我还在线上拓展了 800 个用户，且都有成交的意向，他们对我们的 A 产品比较感兴趣……”

这段话阐述的的确是张良一周的工作内容，但是领导听到这样的工作总结，很可能会产生这样的疑问："你究竟想表达什么，你到底做了哪些事情？"当领导对张良表达的内容产生疑问时，就说明这种表达是无效的。

张良的表达之所以会让领导发出疑问，主要是因为整段话的主题不明确，内容太零散。找出问题后，便要解决问题，明确表达的主题。调整后，张良可以按照下面的方式进行表达。

> "我上周的工作主要围绕用户增长展开，这也是我们团队的工作重点。通过线上和线下两种方式，我一共拓展了1 800个用户。首先，我在线上拓展了800个用户，他们中的大部分人对我们的A产品比较感兴趣且都有成交的意向；其次，我通过一场线下活动拓展了1 000个用户，他们对活动非常满意，同时希望我们可以提高产品质量，优化产品功能。"

这段话的主题很明确——"用户增长"，确定主题后便可以围绕主题展开详细的叙述，整段话看起来结构更加清晰，内容更加流畅，领导更容易理解张良想表达什么。

对比前后两段话，我们可以看到主题的作用十分明显。有了明确的主题，我们的表达才能围绕主题展开，对方才能听清楚、听明白我们要表达的内容。所以，我们在开口说话之前一定要先明确主题，即自己要表达的内容是关于什么的。

6.1.2　核心结论：观点是什么

确定了表达的主题后，我们便可以构思自己的表达逻辑。金字塔原理遵循自上而下的表达逻辑，即结论先行，这也是有效表达的核心要素之一。所以，我们在表达自己的想法、建议时，要先抛出核心结论，即关于该主题我们的观点是什么。

例如，销售部门就采用 A 方案还是 B 方案组织了一次讨论会议，会议上员工王伟提出了自己的想法。

> “我个人认为 A 方案比较符合公司当前的经营状况，实施起来比较简单，也许能取得不错的效果……B 方案实际上也不错，虽然相对来说不太容易实现，但是我认为一定会取得意料之外的效果，主要是因为 B 方案有很多可以吸引年轻女孩的因素，而年轻女孩是我们的主力消费群体……”

王伟的这段话很可能会让会议现场的所有人都产生一个疑问：“你到底支持 A 方案，还是 B 方案呢？”出现这种情况就表明王伟的表达是无效的。

有效的表达应当结论先行。据此，王伟的表达可以调整如下。

> “我支持 B 方案。虽然 A 方案更符合公司当前的经营状况，实施起来比较简单，但是从同行实施类似方案的反馈来看，取得的市场效果并不理想。B 方案虽然相对来说不太容易实现，但是我认为一定会取得意料之外的效果，主要是因为 B 方案有很多可以吸引年轻女孩的因素，而年轻女孩是我们的主力消费群体……”

在给出结论时要注意，结论一定要简明扼要、突出重点，如案例中的“我支持 B 方案”。对方听到这句话，就明确了你所传递的观点。因此，我们在表达时要先抛出自己的核心结论，并用简洁的语言概括自己的观点。

6.1.3 论据：理由是什么

高效写作其实就是在不断地回答读者可能提出的问题，直到读者不会再产生疑问。有效表达也是如此，要不断地回答对方可能提出的问题，直到对方不会对我们的表达产生任何疑问。通常，当我们提出核心结论并表明自己的观点后，对方很可能会产生这样的疑问：“你这么说的理由是什么？”

下面仍然以销售部门关于 A 方案和 B 方案的讨论为例。

> 员工刘威说：“我支持 A 方案。”
>
> 这个时候大家会产生的疑问是：“刘威为什么会选择 A 方案？”
>
> 如果刘威给不出任何理由，只是主观意识选择 A 方案，或者给出的理由不充分，那么大家就不会接受刘威的观点。也就是说，刘威的表达是无效的。

有效的表达应当有充分的论据。基于有效表达的这个核心要素，刘威的表达可以调整如下。

> “我支持 A 方案。虽然 B 方案有吸引年轻女孩的很多因素，而且年轻女孩是我们的主力消费群体，但是 B 方案的实施难度很大，会耗费大量的人力、物力和财力，远远超过我们团队的经济能力，将会给我们团队的发展带来不可预估的风险。A 方案虽然不一定会引起比较大的市场反应，但是实施起来比较简单，成本低，风险低，更有利于我们团队的稳定发展。”

论据的本质作用是支撑核心结论，如果没有给出论据，或者理由不充分，那么就意味着我们表达的核心结论是空洞的，无法被对方接受。这样的表达就是无效的。所以，抛出核心结论后，紧接着就要给出充分的理由，且理由要按照一定的逻辑有序地展开。

6.1.4　行动：要做什么

如果表达的目的只是传达信息，那么阐述完论据后，一个完整、有效的表达就结束了。但是，有些表达的目的是促使对方行动起来，这个时候，我们还应明确地告知对方要采取什么样的行动，即要做什么，并让对方按照我们的指令去行动。

下面仍然以销售部门关于 A 方案和 B 方案的讨论为例。经过一番激烈的讨论后，部门主管做出了最终决策，选择了 A 方案。

> “大家各自都发表了自己的意见，每个方案都有优点和缺点，综合大家的意见，结合我们团队当前的现状，A 方案比较合适，所以我决定选择 A 方案，希望大家认真执行。”

这个时候，团队成员很可能会产生这样的疑问：“接下来我们要如何做？具体要采取什么样的行动？要做哪些事情？”有效的表达需要回答对方可能产生的疑问。因此，上述的表达需要进一步调整，具体如下。

> “大家各自都发表了自己的意见，每个方案都有优点和缺点，综合大家的意见，结合我们团队当前的现状，A 方案比较合适，所以我决定选择 A 方案。下一步我们要做的就是按照 A 方案实施工作任务。首先，要策划一次推介产品的主题活动……由张敏带领团队完成；其次，通过线上和线下的方式邀请用户参与活动……由李萍和周轩负责；最后，统计活动数据，做一个活动效果汇报……由刘威负责。希望大家积极行动起来，一起努力完成任务，争取创造佳绩。”

听完领导的这段表达后，团队成员对于自己接下来要采取什么样的行动已经十分明确了，然后便可以据此制订更加详细的工作计划，积极实施领导的指令。

在日常生活和工作中，大多数表达的目的都是希望对方能够积极按照我们的指令行动，因此，当表达是基于此目的的时候，我们不能只阐述观点和论据，一定要将具体的行动告诉对方。行动越具体，越有利于促进对方执行指令，表达的效果也就越好。

6.2 案例演练

日常工作离不开表达，本节列举了几种工作中经常会遇到的表达情景，我们可以结合前文所学的表达技巧进行实战演练。

6.2.1 如何在电梯 30 秒内汇报工作

领导通常都比较繁忙，所以工作中我们经常会遇到的情境是，想要汇报工作，但总是见不到领导；或者见到领导时，领导的时间有限，可能只有几秒钟或几分钟的空闲时间，例如，在电梯里遇见的 30 秒。

员工王婷打算跟领导汇报上个月的工作情况，但是领导一直忙着出差，没有时间在办公室。一天，领导正准备出差，在电梯里遇见王婷，于是说："我等会儿出门有事，你抓紧时间汇报上个月的工作情况。"

电梯里的 30 秒并不是指具体的时间，而是用来形容时间比较短暂。在短暂的时间内，王婷要如何汇报一个月的工作内容呢？

结论先行，然后再告诉领导要点。

王婷可以这样说。

"上个月我们团队的核心任务是跟进 A 项目的进度，目前 A 项目已经到了最后阶段，客户非常满意，只有一些细节工作还需要优化一下，有两位同事在做最后的收尾工作，其他人已经开始新的项目。（工作现状）因为 A 项目是按照原计划如期进行的，所以没有出现什么大问题，有望比原计划提前完成。（对现状进行解释）现在我们在等待客户的反馈意见，看看是否有需要完善、优化的地方。"（对现状的掌握情况）

当汇报工作的时间较短时，表达一定要简明扼要——先直接汇报工作的现状，然后对现状进行解释，最后告知领导自己对现状的掌握情况。这里的"工作现状"可以是案例中的工作进展情况，也可以是需要领导帮助解决问题，无论是什么，我们在表达时都不要扭怩，简单直接地说明即可。如果在汇报时说太多不相关的内容，如无意义的寒暄、过长的背景介绍等，很容易让领导失去倾听的耐心，导致汇报失败。

6.2.2　如何请示领导

我们在工作中难免会遇到有问题需要向领导请示的情境，有效的请示有利于工作的顺利推进，那么，如何请示最有效呢？

> 项目经理刘强在执行某项目的过程中遇到了一些难题，仅凭个人的能力无法解决，需要请示领导。

请示领导的时候同样要“结论先行”，这个结论是“就请示的内容提出自己的观点”。很多人可能会提出这样的疑问：“我是向领导请教问题，我怎么知道解决问题的方法呢？”事实上，在工作中，我们对需要请示的问题一般都会有自己的想法，只是因为拿不定主意才请示领导。最重要的是，领导的主要作用是做决策，他们通常不喜欢做问答题，只喜欢做选择题。因此，我们在请示领导的时候一定要先就请示的问题提出自己的观点，或者就请示的问题阐述自己的解决方案，然后再详细介绍理由，让领导帮忙做出决策。

> 项目经理刘强可以这么说：“项目进度比原计划延迟了一个星期，导致客户投诉。我的想法是，调动其他部门的人过来帮忙，项目部的员工下周每天加班 2 小时……提出这些解决方案是因为导致项目进度延迟的主要问题是人手不够，而且项目部的员工工作积极性不高……”

提出解决方案时可能会存在两种情况：一种是领导认同我们的解决方案，那么就可以按照方案执行，请示成功；另一种是领导不同意我们的解决方案，但这并不代表请示失败，因为领导会就我们的观点发表自己的意见，然后跟我们一起探讨出最终的解决方案，这种请示也是成功的。

总之，请示领导时一定要带着可供领导选择的方案去，否则领导只会认为我们是问题的制造者。

6.2.3　如何布置任务

团队领导者经常需要布置工作任务，这看似是一件非常简单的事情，但经常会因为任务交代不清楚而导致任务不能按时按质完成。

> 市场营销部主管邹璇在布置团队下个月的工作任务时说："下个月我们部门要成立一个活动小组，因为我们的新产品要上市，需要通过活动扩大产品的影响力。开展活动之前，我们还要准备一些活动需要的物料，具体的活动内容也需要精心策划，策划好后要将活动的消息发布出去。"

这段话很容易让团队成员产生这样的疑问："我们到底要做什么？要策划活动？还是准备物料？先做什么？后做什么？"当员工对领导布置的任务产生各种疑问时，说明他们根本没有理解领导布置的任务，这也就意味着员工很可能无法完成领导布置的任务。

有效的表达应当是结论先行，布置任务的时候也是如此。上述表达中，核心思想是新产品上市策划营销活动，因此有效的表达应当如下。

> “下个月我们部门的核心任务是策划新产品投入市场的营销活动，主要工作内容包括成立活动小组、策划活动内容、准备相关物料、发布活动通知。活动小组由章青、李余、陈刚、刘建组成，小组内推选出一位组长；小组成立后一周内策划出营销活动的内容，内容要丰富、有趣，能够体现产品的特色，且能够吸引目标用户群体；然后根据活动内容准备相关物料，为活动的顺利进行做好充足的准备；最后全网发布活动通知，为活动预热。”

这样的表达就十分清晰，团队成员能够明确下个月的工作任务，进而才能执行任务、完成任务。

领导布置工作任务的时候面对的可能是个人，也可能是团队。

如果布置工作任务时面对的是个人，那么领导应尽可能细致地描述工作任务，确保员工可以理解。

如果布置工作任务时面对的是团队，那么领导不仅要细致描述工作任务，还应当对工作任务进行分解，确保任务可以落实到每一位员工，确保每一位员工都能理解工作任务并且明确接下来的工作方向。

布置任务结束后，领导还可以通过提问“你 / 你们是否理解了我安排的工作任务”来进行确认。如果员工仍然存在疑问，那么就要再描述一次，直到员工完全理解工作任务。这是有效布置任务的最后保障。

6.2.4　如何进行临场发言

在工作中，我们经常会遇到需要临场发言的场合。

> 在一次团建活动中，领导要求员工陈丽发表一下自己入职 3 个月的工作感悟。陈丽可以运用有效表达的 4 个核心要素完成这次临场发言。

1. 确定主题：工作感悟

确定主题后，陈丽要做的就是围绕主题构思内容。陈丽要回想入职 3 个月来自己有哪些收获，有哪些成长，取得了什么样的成绩等。陈丽可以按照下面的方式进行表达。

> “我入职以来共参与了 2 个项目，在同事的帮助下，这 2 个项目都顺利完成了，让我很有成就感。”

2. 提出核心结论：最大感悟是什么

> “在完成项目的过程中，我最大的感触是同事之间的相互协作和帮助很重要。”

3. 给出论据：这么说的理由是什么

> “我在入职 3 天后就参与了 A 项目，因为对工作流程不是很熟悉，个人能力也比较欠缺，导致我在工作的时候很迷茫。但是，团队同事会积极主动地协助我工作，帮助我解决问题，教会我实用的工作方法。例如，章新教会我……最后，我顺利完成了自己负责的部分，非常有成就感，十分感谢大家对我的帮助。”

4. 行动：接下来要做什么

> “接下来，我将把这种精神传递下去，在工作中积极帮助身边的同事，和大家一起努力完成团队目标！”

遇到临场发言的情况时，很多人都容易陷入混乱，不知道到底要说什么，更不知道要怎么说，结果在表达的过程中前言不搭后语，说不到重点。事实上，只要掌握有效表达的 4 个核心要素，按照这种结构组织材料和语言，就能够轻松应对各种临场发言。

6.2.5　如何在协作中说服他人

在团队协作中，难免会遇到观点不一致的时候，通常我们可能想说服他人听取我们的意见，那么要如何做呢？这个时候就要用到有效表达的核心结论和论据两个核心要素。

> 吴亮和王良在协作的过程中，就选择线上引流方式还是线下引流方式产生了争执，吴亮的观点是选择线下方式引流，王良则坚持线上引流。吴亮想说服王良选择线下引流方式。

吴亮如何才能说服王良呢？首先，吴亮必须明确表达自己的观点，如“我的选择是线下引流方式”。明确的观点不仅可以让对方了解自己表达的核心，更能够引导对方带着“他为什么做出这样的选择”这样的疑问继续倾听我们接下来的表达——详细阐述理由。

> “我做出这个选择的理由主要有两点：一是目标客户群体喜欢线下活动；二是线下活动的成本更低。我们的目标客户群体是中老年人。虽然现在网络很普及，但是他们很少主动通过网络去了解各种信息，所以我们如果采取线上推广的

方式未必能够吸引这些流量。此外，我们公司线上营销工作一直都不是很理想，现在采取线上引流方式需要花大量的时间和金钱重新布局，这无疑会大大增加公司的成本。相反，线下活动是我们的强项，一直以来成绩都不错，尤其是社区活动的效果一直都非常好。”

如果理由不足以说服对方，吴亮可以继续将具体的行动表达出来。

“如果我们采取线下引流方式，我们可以组织社区活动。首先……”

这种有理有据的表达通常很难让对方反驳，很容易说服对方。这里要强调的是，一定不要没有任何理由地强迫对方认同我们的观点。如果对方无法发自内心地接受我们的观点并认真执行，会导致协作效果大打折扣。因此，在协作中遇到不同的观点时，一定要通过有效的表达，有理有据地说服对方认同我们的观点，而不是无理由地强迫对方认同。